LÉON DE MONTESQUIOU

1870

LES CAUSES POLITIQUES DU DÉSASTRE

NOUVELLE LIBRAIRIE NATIONALE

XI, RUE DE MÉDICIS — PARIS

MCMXIV

1870

LES CAUSES POLITIQUES DU DÉSASTRE

DU MÊME AUTEUR

Le Salut public. Un vol. in-18 jésus, broché. 3 50

La Raison d'Etat. Un vol. in-18 jésus, broché. 3 50

Les Raisons du Nationalisme. Un vol. in-18 jésus, broché 3 50

Le Système politique d'Auguste Comte. Un vol. in-18 jésus, broché 3 50

Les Consécrations positivistes de la vie humaine. Un vol. in-18 jésus, broché 3 50

Le réalisme de Bonald. Un vol. in-16 double couronne, broché. 3 50

L'Œuvre de Frédéric Le Play. Un vol. in-16 double-couronne, broché 3 50

De l'Anarchie a la Monarchie, brochure . . 0 15

La Noblesse, *suivie d'extraits de Blanc de Saint-Bonnet sur le même sujet*, brochure . 0 15

Le Contrat social de J.-J. Rousseau, *ou les Fondements philosophiques de la démocratie*, brochure 0 15

La politique de l'Action Française, *réponse à MM. Lugan et J. Pierre*, brochure, *en collaboration avec M. Lucien Moreau* 0 40

L'Action française. *Ses origines et sa doctrine*, brochure 0 20

LÉON DE MONTESQUIOU

1870

LES CAUSES POLITIQUES DU DÉSASTRE

NOUVELLE LIBRAIRIE NATIONALE

XI, RUE DE MÉDICIS — PARIS

MCMXIV

AVANT-PROPOS

Les pages qui suivent n'ont pas besoin de commentaire. La leçon d'histoire qu'elles renferment est assez éloquente par elle-même. Elle confirme la maxime : Politique d'abord. *Pourquoi n'étions-nous pas prêts au moment de la guerre de 1870 ?* Politique. *Pourquoi la Prusse nous a-t-elle dominés ?* Politique. *En France, le régime existant alors était un régime demandant son appui, je dirai plus, sa direction à l'opinion. Dans les années qui précèdent 1870, l'Empire se prépare, il est vrai, à la guerre. Mais à quelle guerre ? A la guerre des partis, à la bataille électorale. C'est à vaincre sur ce terrain, à se faire plébisciter, que le gouvernement donne tout son soin. Il se soumet donc aux lois de cette lutte.*

J'entends qu'au lieu de diriger l'opinion, et de passer outre si l'opinion se trompe et persiste dans son erreur, le gouvernement s'abandonne à cette opinion, s'incline devant elle. Pour gagner des électeurs il renonce à exiger les sacrifices nécessaires au salut du pays. Bref la France jouit d'un régime dit démocratique.

Pendant ce temps le gouvernement en Prusse est une monarchie héréditaire. *Il en résulte que celui qui gouverne n'est pas à la remorque des gouvernés, mais à leur tête. On verra que* cela seul *a permis le triomphe de la Prusse.*

1870

LES CAUSES POLITIQUES DU DÉSASTRE

PREMIÈRE PARTIE

CHAPITRE PREMIER

LES JAURÈS D'AUTREFOIS

Les luttes parlementaires de 1913 autour de la loi de trois ans ont fait reparler des débats sur le recrutement de l'armée de décembre 1867 et janvier 1868. On a cité une fois de plus le mot de Jules Favre : *Nous ne voulons pas faire de la France une caserne*, et la réplique du maréchal Niel : *Prenez garde d'en faire un cimetière.* Réplique que d'ailleurs M. Émile Ollivier conteste. « J'étais présent, — écrit-il dans son *Empire libéral,* — et je n'ai pas entendu ce propos. Je ne l'ai pas non plus retrouvé au *Moniteur Universel* et aucun de ceux qui l'ont cité n'a pu m'indiquer où il l'avait pris. » Les paroles du maréchal Niel ne figurent pas, en effet, au *Moniteur Universel.* Mais il semble bien néanmoins qu'elles ont été prononcées. Voici, en effet, ce que M. Germain Bapst écrit dans son ouvrage sur le maréchal Canrobert [1] : « C'était le 2 janvier 1868 [2], au Corps législ-

1. *Le maréchal Canrobert,* tome IV, page 71.

2. Dans le numéro de l'*Intermédiaire des Chercheurs et des Curieux* du 20 avril 1913, M. Bapst rectifie cette date et déclare qu'il faut placer l'incident au 12 décembre 1867. C'est aussi cette date que donne le commandant J. de La Tour dans son livre sur le maréchal Niel. Mais je ne crois pas que l'incident en question ait pu se passer ce jour-là. Si l'on se reporte au *Moniteur Universel* on voit, en effet, que le maréchal Niel n'est pas présent à cette séance de la Chambre, et pour cause, puisqu'il parle à ce moment même au Sénat.

latif ; il pouvait être cinq heures du soir ; le maréchal Niel, à la tribune, défendait l'organisation de la garde mobile ; il était à la fin de son discours et déclarait que les périodes d'exercices étaient indispensables.

« Alors, Jules Favre cria de sa place : « Vous voulez donc faire de la France une caserne ? »

« Se retournant lentement vers l'interrupteur le maréchal répondit d'une voix basse : « Et vous, prenez garde d'en faire un cimetière... »

« A ces mots, une rumeur se produisit dans la salle, et plusieurs députés, dont M. Stéphen Liégeard, vinrent serrer la main du maréchal Niel, et la séance continua. Dans la soirée, le chef des rédacteurs demanda au commandant d'Ornant, aide de camp du ministre, — actuellement général, — qui corrigeait les épreuves du discours, s'il ne jugeait pas convenable de supprimer complètement l'interruption qui produirait une émotion profonde sur l'opinion. L'aide de camp alla en référer au maréchal, qui ne fit aucune objection, et c'est ainsi que le commandant d'Ornant biffa le fameux mot que les événements devaient rendre célèbre. »

Quoi qu'il en soit du mot de Favre et de la réplique du maréchal Niel, ce qui est certain c'est qu'ils résument parfaitement les observations présentées par les adversaires et les défenseurs de la loi en question.

*
* *

Quand on parle de ces débats de 1867, on a l'habitude de dauber l'opposition. C'est parfait. L'opposition était composée de cervelles folles, on pourra en juger tout à l'heure. Mais il est une chose essentielle qu'il ne faut pas oublier : c'est que l'opposition n'a pas empêché le vote de la loi. La loi telle que le gouvernement la présentait, — après, il est vrai, quelques changements exigés par la commission de la Chambre, mais auxquels le ministère avait fini par adhérer, — la loi fut votée par deux cents députés contre soixante, et par cent vingt-six sénateurs contre un. Si l'opposition a prononcé, pendant les débats, des paroles insensées, ce ne sont donc point ces paroles qui nous ont menés à la catastrophe. Sedan, c'est l'Empire et l'Empire seul, voilà ce qu'il ne faut pas perdre de vue.

Mais pour le moment, ce n'est pas de l'Empire, c'est de l'opposition républicaine que je veux m'occuper. J'ai lu dans le *Moniteur Universel*, ces débats de décembre 1867-janvier 1868. Je savais bien que dans les discours des Jules Simon, Jules Favre, Émile Ollivier, je trouverais des sottises. Je ne croyais pas que ces sottises eussent composé un tel monument. C'est plus beau que ce qu'on peut lire dans l'*Humanité*. Je dis que c'est plus beau parce que chez Jaurès et ses acolytes, on voit la grimace. Ce sont des industriels de la politique, ou des stipendiés de l'Étranger, qui font leur métier. Ce ne sont pas des naïfs. Tandis que les républicains de 1867, quand ils parlent des milices, quand ils déclarent qu'il faut désarmer, quand ils demandent : « Mais qui est-ce qui nous menace ? » on peut croire qu'ils sont sincères !

On connaît leur cliché, qui a été repris par Jaurès. Jules Simon l'a résumé ainsi : « *Supprimer les armées permanentes. Armer la nation entière.* » Là-dessus, avec ses amis, Simon présente un contre-projet où l'armée suisse est prise comme modèle. Suppression de l'armée. Constitution d'une milice. Exercice le premier et le troisième dimanches de chaque mois. Une fois tous les six ans, une période de manœuvres qui durerait trois mois : voilà les grandes lignes. Écoutons Jules Simon défendre son projet : « *Il manque pourtant quelque chose,* — déclare-t-il, — *à notre armée ainsi conçue : c'est l'esprit militaire. Je le reconnais tout le premier. Cette armée est une armée de citoyens qui se réunissent pour défendre le pays et pour maintenir l'ordre. Ce n'est à aucun degré une armée de soldats...*

« *Quand je dis que l'armée que nous voulons faire serait une armée de citoyens, et qu'elle n'aurait à aucun degré l'esprit militaire, ce n'est pas une concession que je fais, c'est une déclaration, et une déclaration dont je suis heureux, car précisément, c'est pour qu'il n'y ait pas en France d'esprit militaire, pour qu'il n'y ait pas dans la nation un corps d'hommes ayant des habitudes, des idées, des sentiments différents de ceux de la nation entière, pour qu'il n'y ait pas une armée qu'on puisse, à chaque instant, lancer contre les pays étrangers et peut-être même, dans des jours néfastes, contre notre propre pays, c'est pour qu'on soit, je ne dirai pas dans la nécessité d'aimer la paix, mais dans l'impossibilité de l'enfreindre, c'est pour cela précisément qu'au lieu d'une armée imbue d'esprit militaire, nous voulons avoir une armée de citoyens, qui soit invincible chez elle et hors d'état de porter la guerre au dehors.* »

Le baron Vast-Vimeux : « *Il n'y a pas d'armée sans esprit militaire !* »

Jules Simon : « *Vous me faites l'honneur de me dire qu'il n'y a pas d'armée sans esprit militaire. Je comprends parfaitement votre interruption ; je l'accepte. S'il n'y a pas d'armée sans esprit militaire, je demande que nous ayons une armée qui n'en soit pas une.* »

Voici Jules Favre qui vient à la rescousse : « *Quant à moi*, déclare-t-il, *reprenant ce que tout à l'heure disait mon honorable ami Jules Simon, je suis convaincu que la nation la plus puissante est celle qui irait le plus près du désarmement... La nation qui désarmerait aurait pour elle les sympathies de toutes les populations qui souffrent de l'exagération des armements. Soyez-en sûrs, nos véritables alliés, ce sont les idées, c'est la justice, c'est la sagesse. Voici surtout sur quoi nous devons avoir les yeux ouverts : n'agissons pas en vertu de nécessités contingentes qui peuvent tromper, mais en vertu de principes immua-*

bles et éternels, que l'on peut féconder à son profit. »

L'excuse — si cela en est une — de telles insanités, c'est que ceux qui les prononçaient ne croyaient pas à la guerre. « *Je suis de ceux*, disait Jules Simon, *qui pensent que l'Allemagne, complètement unie, sera moins redoutable pour nous que la confédération du Nord soumise à l'hégémonie de la Prusse. Je compte sur les tendances démocratiques qui ne manqueront pas de se faire jour dans un parlement vraiment allemand.* » « *L'Allemagne*, — disait de son côté un autre député, Maurice Richard, — *est-ce qu'elle nous menace? En aucune façon.* » Donc ils ne croyaient pas à la guerre, ou plutôt ils raisonnaient ainsi : il y aura guerre si nous armons. Pour avoir la paix, il faut désarmer. C'est ce que Jules Simon appelait : « *placer résolument l'organisation de la paix en face de l'organisation de la guerre.* » Oui, il faut désarmer, car, ajoutait le même Jules Simon, « *vous n'avez pas d'autre moyen de rassurer l'Eu-*

rope. » (Très bien, très bien, sur les bancs à gauche.) Et lorsqu'un des orateurs résumait la pensée de la minorité par cette déclaration : « *Donnons l'exemple du désarmement, toutes les nations voisines nous imiteront.* — *C'est positif* », s'écriait Garnier-Pagès.

*
* *

Il y en a un dont je n'ai pas encore parlé, car il mérite un paragraphe pour lui tout seul. C'est Émile Ollivier.

Dans son dixième volume sur l'*Empire libéral*, Émile Ollivier cite une partie du discours qu'il prononça dans ces débats de 1867. A la suite de quoi il fait un *mea culpa*. Il reconnaît qu'il « y a des erreurs dans ce discours ». Mais de quelle taille sont ces erreurs? Il est difficile au lecteur d'en juger, car ce que Émile Ollivier donne de son discours, c'est ce qu'il y a de plus présentable. Je vais réparer la lacune et citer ce qu'il passe sous silence.

Émile Ollivier, lui, ne s'est pas prononcé, comme les Jules Simon et les Jules Favre, pour les milices. Mais il a néanmoins combattu la loi qu'on présentait. Et par quels arguments ? On va voir.

« *Nous restons*, déclarait-il, *en face d'une loi dont le principe est celui-ci : les armées de la France, que j'ai toujours, pour mon compte, trouvées trop nombreuses, sont insuffisantes. Leur effectif doit être augmenté et porté à un chiffre exorbitant. Mais pourquoi donc ? Qu'on nous le dise. Où est la nécessité ? Où est le péril ? Qui nous menace ? Qui nous inquiète ? Personne.* (Interruptions.)

« *Non ! personne ne nous menace, nulle part, il n'y a un péril.* (Rumeurs.)

« *Personne ne veut nous provoquer, nous déclarer la guerre.* (Bruit.) »

C'est en armant, c'est en nous montrant par là belliqueux, que nous marchons infailliblement vers la guerre, explique-t-il, puis il conclut : « *Deux seuls moyens existent pour conjurer cette calamité : de la part du gouvernement, un retour sur lui-même, une résolution décisive et l'institution d'un gouvernement constitutionnel et libéral à la place d'un gouvernement personnel.*

« *De la part du pays, de votre part à vous, qui le représentez officiellement, l'obligation de repousser une loi dont l'utilité est au moins douteuse, qui n'est certainement pas nécessaire, et qui, quoi que vous disiez et quoi que vous fassiez, en France et en Europe, signifie : guerre.*

« *Pour moi, je n'hésite pas, je voterai contre la loi ; car je persiste dans ma manière de voir* sur les événements accomplis : *je n'aurais pas voulu qu'on les provoquât,* j'aurais désiré que la Prusse les accomplît sans violence ; *mais ces réserves faites*, je reconnais en eux un épanouissement du principe de la souveraineté populaire, une application nouvelle des idées de la Révolution, *et je ne les trouve dangereux que si nous voulons opposer un obstacle artificiel à leur développement national.*

« *Que m'importe qu'on me dise et qu'on me répète avec passion* : « Soyons Français, ne soyons ni Allemands, ni Italiens. » *Oui, messieurs, soyons Français, mais ne croyons pas que ce soit une manière noble d'être Français que d'empêcher les Allemands d'être Allemands, et les Italiens d'être Italiens.* (Approbations à la gauche de l'orateur.) » Je me demande pourquoi pas à droite également : n'est-ce pas là, en effet, le principe des nationalités défendu par Napoléon III ?

« Application des idées de la Révolution. » Émile Ollivier a prononcé le mot. Oui, toutes ces gigantesques sottises que nous venons de transcrire, ce sont les idées de la Révolution, mais émises à un moment où la réalité allait leur infliger un tragique démenti. Cependant, ces sottises — j'y insiste, car cela est d'importance — n'ont pas empêché la loi, présentée par le gouvernement, d'être votée. Ce n'est donc pas parce qu'il a été proféré de telles folies que la responsabilité du gouvernement peut être partagée.

Mais ces hommes qui avaient proféré ces folies, qui s'étaient montrés si aveugles sur les réalités, qui avaient fait éclater leur absolue incompétence, leur nullité en politique, et dont la sotte cervelle était un danger public, que sont-ils devenus ? Deux ans après, Émile Ollivier était appelé par Napoléon III à la présidence du Conseil ; quelques mois plus tard, Jules Simon, Jules Favre, Garnier-Pagès entraient dans le gouvernement de la Défense nationale.

Voilà ce qu'il faut se rappeler pour la honte de l'Empire et de la République[1].

1. Les textes cités dans ce chapitre sont extraits du *Moniteur Universel*, n^{os} des 20, 21, 22 décembre 1867.

CHAPITRE II

LA LEVÉE EN MASSE

Parlant après Jules Simon et voulant le réfuter, le maréchal Niel lui prête cette déclaration : « *Savez-vous ce qu'il faut pour faire un bon soldat? Vous ne le savez pas, moi je le sais : il faut qu'il fasse sortir avec enthousiasme de sa poitrine le cri de :* Vive la liberté ! » Ce résumé de son discours Jules Simon sans doute l'a trouvé exact puisqu'il n'a pas réclamé.

Il n'eût pu d'ailleurs renier cette déclaration, car elle est bien conforme à sa pensée. Ecoutez, pour en juger, ces paroles prononcées par lui : « *Ce qui a fait la force de l'armée française autrefois et sa plus grande puissance, c'est la cause sacrée qu'elle avait à défendre, une cause qui était un objet d'envie pour ceux qui se battaient contre nous, et pour nous la source puissante et féconde de l'enthousiasme. Oui, messieurs, il n'y a qu'une cause qui rende une armée invincible et, malheureusement, cette cause n'est pas celle que nous défendons en ce moment ; cette cause, c'est la liberté.* »

En somme, la pensée des Simon et des Favre était celle-ci : d'abord qu'il n'y avait pas de danger ; que personne ne nous menaçait. Ensuite qu'à supposer même qu'une guerre éclatât, la levée en masse suffirait. A une condition cependant : c'est que nos soldats fussent enthousiasmés, électrisés par la pensée que ce qu'ils avaient à défendre, c'était la cause de la liberté. Or, ils ne pouvaient être mus par cette pensée sous le gouvernement de l'Empire, qui était un gouvernement despotique. Ce qui devait rendre notre armée invincible, ce n'est donc pas une préparation quelconque militaire, mais uniquement l'extension des libertés politiques.

Derrière ces folies, ce qu'il y avait, c'est la légende des volontaires de 92. Il était entendu que ces volontaires, sans aucune préparation, avaient vaincu l'Europe, parce que la grande cause de la Révolution qu'ils servaient avait rendu leur élan irrésistible.

Cette légende des volontaires de 92 avait pourtant, dans ces débats de 1867-1868, été on ne peut mieux réfutée. J'ai rapporté précédemment des discours de la plus profonde sottise. Écoutons à présent la voix de la raison :

« *Ne vous reposez pas, le cas échéant*, déclara par exemple le baron Jérôme David, *sur le recours aux troupes inexpérimentées pour remplacer nos excellents soldats ; les volontaires et les recrues enrégimentées à la hâte valent peu de chose.*

La tradition populaire s'est égarée dans ses appréciations des effets prodigieux de la république française, auxquels, tout à l'heure, l'honorable M. Jules Simon faisait évidemment allusion... Ce furent les vieilles troupes de la monarchie qui soutinrent les premières épreuves de la guerre, et sans ces troupes, le pays aurait subi les plus grands désastres...

Mais il existe cette idée chez le peuple qu'il suffit que les citoyens se lèvent en masse pour défendre le pays contre toute agression; que le jour où tous les Français prendraient spontanément les armes, la France serait invincible, et que la constitution d'une forte armée permanente n'est pas absolument utile.

Ce sont là de fausses théories qu'il est bon de réfuter.

Le général Jomini disait, en parlant des volontaires qui entraient dans la composition de l'armée de Dumouriez : « Ces volontaires nationaux ne contribuaient pas peu à augmenter l'esprit de désordre : des compagnies entières partaient pour la Prusse, avec armes et bagages ; il eût fallu une seconde armée pour les arrêter. »

... Le 6 février 1834, le général Bugeaud dit, dans une séance de la Chambre des

députés : « On a parlé de l'enthousiasme ; selon tout le monde, c'était là un grand moyen de guerre; messieurs, l'enthousiasme est une fort bonne chose quand il est accompagné de bons bataillons ; quand il est seul, c'est une vertu passagère, éphémère comme toutes les passions violentes, et la moindre chose suffit pour le détruire. Quelques journées de mauvais bivouac le font disparaître ; une batterie de quarante bouches à feu qui vomit la mitraille sur les enthousiastes les a bientôt réduits au silence... On vous a dit ensuite et on a redit à satiété que les bataillons de volontaires, dans le commencement de la Révolution, avaient, grâce à l'enthousiasme, vaincu l'Europe. Eh bien! c'est faux. Dans les deux premières campagnes, les bataillons de volontaires furent presque indisciplinables, parce qu'il s'y trouvait des hommes qui avaient apporté dans l'armée l'esprit des clubs, incompatible avec la discipline et la force militaire ; ils furent battus dans presque toutes les circonstances, et ce n'est qu'à la bataille de

Fleurus qu'ils ont commencé à rendre des services ; à Jemmapes, à Valmy, les principales forces étaient composées de la vieille armée de ligne. »

De son côté, le maréchal Niel résuma sa pensée dans ce jugement lapidaire : « *Beaucoup d'hommes illustres de l'Empire avaient vécu et servi sous la République ; ils ont conservé de la levée en masse un sentiment d'effroi. Leurs mémoires, leurs discours, à la Chambre des pairs, ou à la Chambre des députés, sont partout empreints de cette crainte que le pays eut la pensée de recourir une fois de plus à la levée en masse. Tous ont tenu le même langage. Le maréchal Gouvion Saint-Cyr qui, pendant toute sa carrière, n'a cessé de se préoccuper de cette pensée, formulait ainsi l'opinion qu'un tel système avait laissé dans son esprit :* « La levée en masse n'a servi qu'à l'ennemi. Ces hommes qu'on nous envoyait sans aucune organisation épuisaient les pays où ils passaient, se jetaient sur notre armée et y semaient l'indiscipline. »

Et cet homme éminent se résumait ainsi : « C'est un grand malheur d'avoir besoin de la levée en masse ; plus grand est celui de s'en servir[1]. »

* * *

Ces discussions sur les volontaires de 92 avaient en vue surtout la constitution de la garde mobile. Le maréchal Niel voulait arriver à en faire, par des exercices préparatoires, une sorte de réserve. Beaucoup de députés, soit de l'opposition, soit de la majorité, entraînés par le désir de plaire à leurs électeurs, estimaient qu'il suffisait que la garde mobile existât sur le papier ; qu'elle n'en serait pas moins apte à servir si la guerre éclatait. En fait, grâce aux concessions que le gouvernement se crut obligé de faire, soit à la Commission du Corps législatif, soit au Parlement lui-même, soit, une fois la loi votée, à l'opinion publique, la garde mobile, en

1. Les textes cités ci-dessus sont extraits du *Moniteur Universel*, nos des 20 et 24 déc. 1867.

juillet 1870, n'avait reçu encore, pour ainsi dire, aucune organisation.

On s'exclamera : la faute en est donc à l'opinion publique. Certes. Mais qui avait, en parlementarisant le gouvernement, livré ce pouvoir à l'opinion publique d'entraver la défense nationale ? Napoléon III. Qui avait plus que quiconque contribué à égarer cette opinion publique? Toujours le même Napoléon. Ecoutez M. de la Gorce qui, pourtant, n'a certes pas de parti pris contre l'empire : « Les théories humanitaires, écrit-il, tant de fois proclamées par l'empereur, avaient fini par pénétrer les masses ; et ayant entendu le souverain vanter la solidarité des peuples, elles n'auraient, pour combattre ses récents projets, qu'à rappeler ses anciens discours. » Qui, enfin, jusqu'au dernier moment, a endormi l'opinion en la rassurant ? Toujours le gouvernement impérial. On connaît le mot du maréchal Lebœuf, ministre de la Guerre, affirmant à des députés, encore à la veille même du désastre : « Nous sommes archiprêts... Ferait-on la guerre pendant un an, il ne nous manquerait pas un bouton de guêtre [1]. » La volonté du gouvernement de cacher la grandeur et l'imminence du péril nous est du reste dévoilée dans ces paroles de M. Rouher. « Nous procédons, — déclarait, en 1867, M. Rouher que cite le maréchal Randon, — à une enquête agricole ; or, partout, nous recueillons le vœu que la charge de la conscription soit allégée ; même nous avons été amenés à laisser entrevoir une diminution du contingent. — Eh bien ! objectaient les militaires, faites connaître la situation, et le patriotisme du pays ne vous refusera point les ressources indispensables. — Cette sincérité est impossible, répliquait (et cette fois avec beaucoup de raison) M. Rouher, car insinuer le danger de la guerre, ce serait peut-être la rendre inévitable. » Admettons que cette sincérité fût im-

1. S'il n'a pas prononcé exactement cette phrase — que la légende lui prête — il a du moins affirmé quelque chose d'équivalent.

possible. Mais alors voilà un des beaux résultats encore du système électif, qui obligeait soit à dévoiler au pays ce qui devait rester secret, soit, en taisant la vérité, à se résigner à ne pas obtenir ce qui était indispensable pour la défense nationale.

CHAPITRE III

A LA VEILLE DE LA GUERRE

Les débats que j'ai résumés jusqu'à présent sont de première importance. Si on avait voté une bonne loi, si elle avait été bien appliquée, on aurait eu encore le temps de se préparer à la guerre avant qu'elle n'éclatât. La discussion que je veux relater maintenant n'a pas les mêmes conséquences. Cette discussion est, en effet, du 30 juin 1870[1]. Ce qu'on vote dans cette séance n'aura pas de répercussion sur ce qui va se passer quinze jours après. Les débats de cette séance ont pourtant leur intérêt, ils nous donnent la physionomie du Parlement, la mentalité des

1. Voir *Journal Officiel* du 1er juillet 1870.

députés à cette date. Or, en voyant cette mentalité, on comprend comment le gouvernement, pour s'être livré aux parlementaires, s'était condamné à échouer fatalement dans son essai de réorganisation de l'armée.

Par la loi de 1868, le Parlement s'était réservé le droit de décider, chaque année, combien d'hommes on incorporerait. C'était se réserver le droit à la surenchère électorale par la diminution du contingent. En 1870, le gouvernement prend les devants dans cette surenchère. Il propose de réduire à 90.000 hommes le contingent qui était de 100.000, les années précédentes.

Comme de raison, l'opposition trouve que la réduction n'est pas suffisante. Au nom de cette opposition, Garnier-Pagès prend la parole. Il rappelle d'abord à nouveau la légende des volontaires de 92 : « *Cette France si belliqueuse, si courageuse*, déclare-t-il, *qui s'est levée plusieurs fois comme un seul homme, lorsque la patrie était en danger, elle n'a pas besoin d'une armée permanente si énorme* ». Il faut donc tout réduire : réduire le nombre de soldats, réduire le temps de service. Il faut prendre comme modèle la Suisse. « *Mais me direz-vous*, continue Garnier-Pagès, *si vous agissez ainsi, que feront les puissances étrangères ? Je vais vous le dire. Les puissances étrangères, messieurs, n'attendent pas les congrès, elles n'attendent pas les négociations ; elles ont compris qu'il ne fallait pas se ruiner et qu'il fallait tout d'abord, quoi que fassent les voisins et malgré ce qu'ils feraient, opérer le désarmement.* » A l'appui de cette assertion, Garnier-Pagès prétend démontrer que l'Angleterre, l'Autriche, l'Italie ont réduit leur budget de guerre. Il y a bien l'Allemagne qui gêne un peu l'orateur. Voilà comment il s'en tire. « *Que se passe-t-il en Allemagne, en ce moment ? Vous le savez, il y a une lutte générale, ardente, dont le but est la diminution de l'armée ; on veut amener M. de Bismarck à une réduction des forces de la Confédération du Nord ; on désire le désarmement, on le demande partout ; en*

Bavière, en Wurtemberg, dans tous les États du sud de l'Allemagne, comme on le demande même en Prusse. C'est un exemple à imiter. »

Ne croirait-on pas entendre Jaurès trompant son public, en feignant de compter sur les socialistes allemands pour empêcher la guerre ?

D'ailleurs, poursuit Garnier-Pagès, en admettant même que les nations européennes ne désarment pas, nous n'avons rien à craindre d'elles. Ni l'Angleterre, ni la Russie, ni l'Autriche, ni l'Italie, ni l'Espagne ne pensent à nous attaquer. « *Quant à la Prusse, — je termine par là, — peut-elle nous inquiéter?... M. de Bismarck est en face de très grandes difficultés, même en Prusse ; il n'a plus la force, il n'a plus la foi, il n'a plus la confiance... L'Autriche avec ses neuf millions d'Allemands, les Allemands de la Bavière et de tous les États du Sud, sont prêts à se soulever contre la Prusse, si elle veut s'agrandir... M. de Bismarck cherche à accomplir une œuvre impossible : il veut, en exploitant les sentiments de la nationalité allemande, chercher à faire l'unité de la nation par la force, par le despotisme ; il n'y réussira pas. Par la liberté il aurait réussi ; il aurait la sympathie de tous les peuples ; il aurait l'adhésion de tous les Allemands, même en Autriche. Mais quand il est venu leur dire :* « C'est le despotisme monarchique que je vous offre, ce n'est pas la liberté », *il a semé à la fois autant d'ennemis qu'il semblait conquérir d'habitants.* »

Voilà le bon prophète que la République devait, deux mois plus tard, faire entrer dans le gouvernement de la Défense nationale.

Garnier-Pagès finit son discours en en appelant, comme tout bon parlementaire, à l'opinion publique, c'est-à-dire à ce qui est souverainement incompétent dans ces questions militaires. « *Vous vous vantez beaucoup,* — déclara-t-il en s'adressant au gouvernement, — *du chiffre que vous avez obtenu par le plébiscite ; eh bien ! si vous ne vous méfiez pas de cette nation, donnez-lui des preuves que vous sentez ce qu'elle veut, ce qu'elle désire : essayez de lui poser par un plébiscite la question que je vous indique à cette tribune, c'est-à-dire la réduction des dépenses militaires.* (C'est cela ! à gauche.) »

*
* *

Le ministre de la Guerre, le maréchal Le Bœuf, répondit à Garnier-Pagès. Il n'eut pas de peine à montrer que nous ne pouvions prendre la Suisse comme modèle. « Qu'une organisation militaire qui convient à une puissance dont la neutralité est garantie par l'Europe entière, ne peut pas servir de type à l'organisation militaire de la France. » Il posa cet aphorisme, aujourd'hui reconnu par tous les hommes compétents, « qu'une armée n'est bonne que lorsqu'elle peut prendre rapidement l'offensive ». Il déclara qu'en proposant une réduction de dix mille hommes sur le contingent, le gouvernement avait fait une invitation indirecte au désarmement. Et il conclut : « J'ai le regret de dire que, jusqu'à présent, je ne me suis pas aperçu qu'on ait suivi notre exemple. »

Le baron de Benoist vint parler au nom des départements de la frontière de l'Est. « Nous ne pensons pas, affirma-t-il, que l'état de l'Europe permette à la France de diminuer sa force militaire, et je vois pour ma part avec un très vif regret la diminution du contingent. » (Rumeurs à gauche.) Devant ces rumeurs, le baron de Benoist reconnut que son opinion était difficile à soutenir dans cette Chambre, cette opinion n'ayant pour elle que bien peu d'adhérents, mais il demanda qu'on lui permît quand même de parler avec son indépendance et sa sincérité habituelles.

« *Messieurs*, déclara-t-il, *l'année dernière, avant les élections, j'ai dit à mes électeurs que, quels que soient les entraînements des idées pacifiques et le courant de l'opinion vers le désarmement, j'étais trop leur ami pour consentir, tant que les circonstances seront les mêmes, à une diminution quelconque des forces de la patrie.* »

Au point de vue électoral et parlementaire, le baron de Benoist était un héros. Mais aussi il ne se faisait pas d'illusion. Comme il le reconnaissait, il ne pouvait avoir avec lui qu'une faible minorité.

Jules Favre appuya le discours de Garnier-Pagès : « *Que la France*, s'écria-t-il, *s'organise, en pleine paix, quand rien de sérieux ne la menace, pour une grande guerre, c'est là, messieurs, permettez-moi de le dire, une coupable folie, une mesure funeste aux finances du pays, funeste à sa moralité, à sa grandeur, à sa prospérité matérielle, de laquelle vous ne paraissez pas tenir suffisamment compte.* »

L'histoire a dit de quel côté était la folie. Cependant, Jules Favre posa au gouvernement une question qui ne manquait pas de sens. Vous repoussez, remarqua-t-il, la demande de réduction de nos forces militaires. C'est donc que vous êtes inquiet ? Or, vous passez votre temps à nous rassurer.

C'est Émile Ollivier qui répondit : « *M. Jules Favre*, déclara-t-il, *a posé au gouvernement cette question : Vous êtes inquiets ; quelles sont vos inquiétudes, et de quel côté viennent-elles ?... Je réponds à l'honorable M. Jules Favre que le gouvernement n'a aucune inquiétude, qu'à aucune époque, le maintien de la paix en Europe ne lui a paru plus assuré. De quelque côté qu'il tourne ses regards, il ne voit aucune question irritante engagée... Si le gouvernement avait la moindre inquiétude, il ne vous eût pas proposé, cette année-ci, une réduction de dix mille hommes sur le contingent.* »

Ceci, comme je l'ai dit, se passait le 30 juin 1870. Trois jours après, c'était la candidature Hohenzollern, quinze jours après, la guerre. Et le gouvernement qui parlait ainsi au 30 juin avait entre les mains les rapports de notre ambassadeur à Berlin, Benedetti, et de notre attaché militaire, le colonel

Stoffel, qui, l'un et l'autre, avaient maintes fois exposé les ambitions, les projets et les armements de la Prusse !

« *Vous nous avez demandé ensuite*, poursuivit Émile Ollivier : *qu'avez-vous fait pour assurer la paix ?... Ce que nous avons fait ? Convaincus que la véritable manière d'établir la paix et de l'assurer, c'est de développer la liberté, nous avons, non pas fondé la liberté en France, — ce serait être injuste envers les devanciers qui ont commencé cette œuvre en 1860, — nous l'avons développée et rendue définitive... Ce que nous avons fait ? Puisque vous nous parlez du Sadowa prussien, je vous dirai que nous avons fait le Sadowa français, le plébiscite.* » Et comme on lui demande de s'expliquer : *Quand j'ai parlé du Sadowa français, je voulais indiquer que le plébiscite avait donné à la politique française la même force que la bataille de Sadowa avait donnée à la politique prussienne.* »

Voilà ce que M. Emile Ollivier offrait en

guise de soldats : des bulletins de vote.

Quelqu'un qui a assisté à ces débats du Second Empire, et qui a été secrétaire-rédacteur à la Chambre, pendant quarante ans, M. Anatole Claveau, a publié ses mémoires relatifs à la période 1865-1870. On ne peut voir homme plus modéré que M. Claveau dans ses appréciations. Or, précisément à propos de cette séance du 30 juin 1870, et des criminelles sottises débitées par l'opposition, il écrit : « *Comment ces hommes, à qui allaient d'abord mon admiration et ma sympathie, en avaient-ils pu arriver à ce degré d'aberration ? Où fallait-il chercher la cause de cette double infirmité qui, malgré tant d'avertissements, les rendait ainsi sourds et aveugles ?... La cause, je ne la soupçonnais pas alors ; mais je la vois bien aujourd'hui. Ils sacrifiaient à un besoin de popularité électorale l'intérêt et le salut même de leur pays*[1]. »

1. *Souvenirs politiques et parlementaires d'un témoin*, p. 392.

Ceci est la définition même des parlementaires. Mais en donnant cette définition, ne perdons pas de vue qu'il ne faut pas tant incriminer les hommes que l'institution, et que ce ne sont pas les hommes mais le régime qui est le vrai responsable du désastre de 70.

CHAPITRE IV

LE PARLEMENT ET NOS PREMIÈRES DÉFAITES

J'ai résumé les débats sur l'armée de 1867-1868, puis à la veille de la guerre, au 30 juin 1870. Pour achever de dessiner la silhouette de nos politiciens d'alors, il faut les contempler maintenant après la déclaration de la guerre, et quand la nouvelle de nos premiers échecs est arrivée jusqu'à Paris.

La session du Parlement s'était close le 21 juillet. Napoléon III ayant recommandé de réunir à nouveau les Chambres dans le cas où les circonstances deviendraient difficiles, elles sont convoquées pour le 9 août. A ce moment, deux grandes batailles sont déjà perdues, et la France est envahie. Il faut prendre des mesures.

Que réclame l'opposition ?[1] « Des fusils, des fusils ! » C'est Jules Favre qui parle au nom de la gauche. Son discours se résume en ceci : il faut armer chaque citoyen. C'est la chimère de la levée en masse qui va être en partie réalisée. Quand Jules Favre et ses amis réclament des fusils, est-ce pour les tourner contre les ennemis, ou contre le gouvernement? On peut se le demander. Surtout quand on voit Favre insister pour que les armes soient remises principalement aux Parisiens. Les provinces ne l'intéressent pas autant.

Des fusils seront donc distribués. Ils permettront, — je ne dis pas le 4 septembre, qui s'est accompli sans coups de feu, — mais la Commune.

Ce même 9 août, Jules Favre réclame du gouvernement une autre mesure : Bazaine à la tête de l'armée. Favre sera écouté. On sait ce qui s'ensuivra.

1. Voir *Journal officiel* du 10 août 1870.

Dans la séance du 10 août, un des députés de la gauche, nommé Girault, propose, comme moyen de salut, cet amendement mirifique, que « les séminaires ou les autres établissements religieux, sans exception, soient soumis aux lois militaires dans la même proportion que les autres citoyens ». (*M. Gambetta :* « Très bien, très bien ! ») L'amendement n'ayant pas été pris en considération, Crémieux en présentera un semblable deux jours après. Au moment où la France est envahie, ces messieurs s'essayent à une politique anticléricale.

C'est en de telles mains qu'allait tomber le gouvernement, quelques semaines plus tard. Il est vrai que pour chasser les Prussiens, il suffisait, suivant une certaine opinion, de proclamer la République. « *Le peuple* — disait le manifeste du 4 septembre — *a devancé la Chambre qui hésitait. Pour sauver la Patrie en danger, il a demandé la République... La République a vaincu l'invasion en 1792. La République est proclamée.* » Et le 5 septembre dans une proclamation à l'armée : « *Pour se sauver, la Nation avait besoin de ne plus relever que d'elle-même... Nous n'avons qu'un but, qu'une volonté : le salut de la Patrie, par l'Armée et par la Nation, groupées autour du glorieux symbole qui fit reculer l'Europe, il y a quatre-vingts ans.* » Toujours la légende des volontaires de 92 qui revient, comme dans les discours des Simon et des Favre, que nous avons analysés précédemment. Pour défendre un pays, il n'est pas besoin de s'y préparer d'avance. Il ne faut pas d'armée permanente. C'est une lourde charge à tout point de vue et qui ne sert à rien. Il suffit que chaque citoyen ait son arme, et qu'il la prenne au jour du péril, et qu'il courre sus à l'ennemi. Seulement, il faut qu'il y courre avec enthousiasme, et pour cela, il faut qu'il sente qu'il a à défendre quoi ? Sa patrie ? Non : la Liberté. Michelet, Hugo ont chanté ce thème. Dans leurs discours au Parlement, les opposants à l'Empire l'ont repris. Beaucoup de Français sont imprégnés de cette croyance.

Aussi l'allégresse est grande au 4 septembre. On croit le pays sauvé. Comme dit la proclamation, citée plus haut : « La République a vaincu l'invasion en 1792. La République est proclamée. » Ce qui signifie : maintenant que nous avons la République, la levée en masse va être irrésistible.

La levée en masse ! elle n'a jamais été aussi bien décrite que par Victor Hugo. Je dédie ce tableau à Jaurès et Cie. Il est du 1er août 1852. Au moment de quitter la Belgique s'adressant aux Belges, Hugo s'écrie : « *Si M. Bonaparte arrive, si M. Bonaparte vous envahit, s'il vient une nuit — c'est son heure — heurter vos frontières..., vous apportant la honte à vous qui êtes l'honneur, vous apportant l'esclavage à vous qui êtes la liberté, vous apportant le vol à vous qui êtes la probité, oh ! levez-vous, Belges, levez-vous tous ! recevez Louis Bonaparte comme vos aïeux les Nerviens ont reçu Caligula ! Courez aux fourches, aux pierres, aux faulx, aux socs de vos charrues ; prenez vos couteaux, prenez vos fusils, prenez vos carabines ; sautez sur la vieille épée d'Arteveld, sautez sur le vieux bâton ferré de Coppenole, remettez, s'il le faut, des boulets de marbre dans la grosse couleuvrine de Gand : vous en trouverez à Notre-Dame de Hal ! Criez aux armes ! Sonnez le tocsin, battez le rappel : faites la guerre des plaines, faites la guerre des murailles, faites la guerre des buissons ; luttez pied à pied, défendez-vous, frappez, mourez... Si le Bonaparte vient, faites cela*[1] *!* »

Voilà la levée en masse. Voilà de la belle stratégie ! Eh bien ! n'en riez pas. Ce n'est pas si bête que cela en a l'air. Il y a, en effet, un petit verbe qui clôture le morceau et qui rachète tout le reste. « Défendez-vous, frappez, *mourez.* » Mourez : c'est, en effet, le seul conseil sérieux qu'on puisse donner à tout ce qui est troupe improvisée.

*
* *

1. *Actes et Paroles*, t. II, p. 51.

Dans ce chapitre, dans les précédents, j'ai beaucoup parlé des sottises débitées sous l'Empire par l'opposition. Mais il ne faudrait pas que cela fît oublier les fautes commises par le gouvernement. C'est pourquoi je veux rappeler ici ce que j'ai dit précédemment : ce n'est pas parce que l'opposition a proféré des folies que la responsabilité du gouvernement s'en trouve amoindrie.

Le gouvernement a reculé devant l'opinion. C'est entendu. L'opinion était pacifiste, elle se refusait à une aggravation des charges militaires, n'en comprenant pas la nécessité. Parfaitement. Mais le rôle d'un gouvernement n'est pas de suivre l'opinion. Il est de l'éclairer, et si l'opinion persiste dans son erreur, de passer outre. L'Empire, qui s'était parlementarisé, ne pouvait passer outre, direz-vous. Admettons. Mais c'est ce qui me fait dire qu'il ne faut pas tant en vouloir aux hommes qu'à l'Institution. Et puis, en admettant que l'Empire n'eût pu gouverner alors contre l'opinion, a-t-il tenté d'éclairer cette opinion ? Nullement. Il n'a cessé, au contraire, et jusqu'à la veille de la guerre, de la rassurer en déclarant que nous étions prêts. L'opinion était-elle à même de se rendre compte si cela était vrai ? Elle en était incapable. Pouvait-elle connaître exactement les préparatifs et les projets de la Prusse ? Pouvait-elle savoir si, en cas de guerre, nous aurions des alliés ? Tout cela est du seul domaine du gouvernement. Aussi, — et c'est la conclusion logique de tout ceci, — malheur au pays qui est obligé de demander à l'opinion de résoudre les questions de défense nationale. Un tel pays est sans organe de direction et de prévoyance, bref, sans gouvernement au vrai sens du mot.

CHAPITRE V

BÊTE COMME L'HIMALAYA

Ces folies, que je viens de passer en revue, sur la levée en masse, sur l'inutilité des armées permanentes, sur la force irrésistible des soldats combattant au nom de la « Liberté », etc., n'ont pas seulement été débitées au Parlement. La plupart des journaux, la littérature romantique, avaient travaillé de leur côté à répandre ces insanités dans le public. Ceux-là même qui prétendaient qu'il fallait gouverner avec l'opinion avaient commencé par dévoyer cette opinion.

Je prendrai comme exemple le plus illustre et le plus éloquent, Victor Hugo. Les trois volumes d'*Actes et Paroles*, où sont réunis ses manifestes et ses discours politiques, forment le plus beau sottisier qui soit. Je citerai de son troisième volume les pages relatives à la guerre franco-allemande.

Victor Hugo rentre en France le 5 septembre 1870, le lendemain de la proclamation de la République. Jusque-là, il est exilé, ou plutôt il est resté de par sa propre volonté en exil. Le voilà donc à Paris. Le 9 septembre, il adresse une proclamation aux Allemands. Il pense qu'on peut arrêter la marche de leurs armées avec de belles périodes oratoires. Cela ne réussit guère. Alors il se tourne vers les Français. Et c'est, formulé dans toute sa folie, ce qui avait figuré si souvent sous l'Empire dans les discours de l'opposition républicaine : l'espoir dans la levée en masse. J'ai rappelé, plus haut, les conseils que Hugo donnait à la Belgique, dans le cas où Napoléon III ferait mine d'envahir ce pays. Mais ceci est, s'il se peut, encore plus insensé :

« *Que toutes les communes se lèvent !* s'écrie Victor Hugo. *Que toutes les campagnes pren-*

nent feu ! que toutes les forêts s'emplissent de voix tonnantes ! Tocsin ! tocsin ! Que de chaque maison il sorte un soldat ; que le faubourg devienne régiment ; que la ville se fasse armée. Les Prussiens sont huit cent mille, vous êtes quarante millions d'hommes. Dressez-vous et soufflez sur eux !... Cités, cités, cités, faites des forêts de piques, épaississez vos baïonnettes, attelez vos canons, et toi village, prends ta fourche. On n'a pas de poudre, on n'a pas de munitions, on n'a pas d'artillerie ? Erreur ! on en a. D'ailleurs, les paysans suisses n'avaient que des cognées, les paysans polonais n'avaient que des faulx, les paysans bretons n'avaient que des bâtons. Et tout s'évanouissait devant eux !... Tout de suite, en hâte, sans perdre un jour, sans perdre une heure, que chacun, riche, pauvre, ouvrier, bourgeois, laboureur, prenne chez lui ou ramasse à terre tout ce qui ressemble à une arme ou à un projectile. Roulez des rochers, entassez des pavés, changez les socs en haches, changez les sillons en fosses, com-

battez avec tout ce qui vous tombe sous la main, prenez les pierres de notre terre sacrée, lapidez les envahisseurs avec les ossements de notre mère la France...

« *Que les rues des villes dévorent l'ennemi, que la fenêtre s'ouvre furieuse, que le logis jette ses meubles, que le toit jette ses tuiles, que les vieilles mères indignées attestent leurs cheveux blancs, etc., etc.* [1]. »

Cela continue ainsi, et c'est toujours aussi fou.

*
* *

Les armées prussiennes ont poursuivi, malgré tout, leur marche victorieuse. Voici maintenant que Paris est cerné. « Deux adversaires sont en présence en ce moment, déclare Victor Hugo. D'un côté, la Prusse, toute la Prusse, avec neuf cent mille soldats ; de l'autre, Paris avec quatre cent mille citoyens. D'un côté, la force, de l'autre la volonté. D'un

1. *Actes et Paroles*, tome III, p. 60.

côté une armée, de l'autre un peuple. D'un côté la nuit, de l'autre la lumière. » Qui va être victorieux ? Eh ! ne le voyez-vous pas ? Des citoyens valent plus que des soldats, un peuple c'est la lumière, une armée c'est la nuit. La lumière doit triompher de la nuit. « C'est le vieux combat de l'archange et du dragon qui recommence, écrit Victor Hugo. Il aura aujourd'hui la fin qu'il a eue autrefois. La Prusse sera précipitée [1]. »

On dira peut-être : Victor Hugo ne croyait pas à tout cela. Mais on comprend qu'il ait parlé alors ainsi, pour donner du cœur aux assiégés, pour faire luire à leurs yeux l'espérance. Mais non, mais non, tout cela, c'est bien sa pensée. Et ils vivent sur les mêmes idées, ceux qui préconisent à notre époque les « milices » et la « nation armée ». Pour eux aussi, des citoyens valent plus que des soldats, une armée c'est la nuit, un peuple c'est la lumière.

Le peuple n'a pas triomphé de l'armée. Il

1. *Actes et Paroles*, tome III, p. 66.

faut à présent céder deux provinces. Nous sommes le 1er mars 1871. On discute à l'Assemblée nationale les conditions de la paix. Victor Hugo monte à la tribune. Il évoque l'heure où la France pourra reprendre sa revanche. « On la verra, — déclare-t-il, — d'un bond, ressaisir la Lorraine, ressaisir l'Alsace? Est-ce tout ? non ! non ! saisir, — écoutez-moi, — saisir Trêves, Mayence, Cologne, Coblentz. » Qu'est-ce qui prend à Victor Hugo? L'Alsace, la Lorraine, c'est bien. Mais que veut-il faire de toutes ces villes allemandes ? Ses collègues ne le comprennent plus, et ne le suivent pas. Ils prennent peur devant ce foudre de guerre. « Non ! non », s'écrient-ils, quand Victor Hugo parle de prendre Trêves, Mayence, etc. Mais Hugo tient essentiellement à ces conquêtes. On l'interrompt ; il se fâche. « De quel droit, crie-t-il, une assemblée française interrompt-elle l'explosion du patriotisme? » Et il reprend son discours : « *On verra la France se redresser, on la verra ressaisir la Lorraine, ressaisir l'Alsace. Et puis.*

est-ce tout ? Non ; saisir Trèves, Mayence, Cologne, Coblentz, toute la rive gauche du Rhin. » — Pourquoi faire ? Voilà : « *Et on entendra la France crier : C'est mon tour ! Allemagne, me voilà ! Suis-je ton ennemie ? Non ! je suis ta sœur. Je t'ai tout repris, et je te rends tout, à une condition : c'est que nous ne ferons plus qu'un seul peuple, qu'une seule famille, qu'une seule république. Je vais démolir mes forteresses, tu vas démolir les tiennes. Ma vengeance, c'est la fraternité ! Plus de frontières ! Le Rhin à tous ! Soyons la même république, soyons les États Unis d'Europe, soyons la fédération continentale, soyons la liberté européenne, soyons la paix universelle*[1] *!* »

*
* *

Dans un de ses contes qui font suite à *Serenus*, Jules Lemaître décrit les funérailles d'un poète auquel il donne le nom de Firdousi, mais qui ressemble étrangement à Hugo. On

1. *Actes et Paroles*, tome III, p. 103 et 104.

discute les mérites du grand homme. « Après tout, dit l'un des quartorze poètes, Firdousi n'était qu'une cloche. — Ou plutôt, reprit un autre, une boule de jardin placée au centre des choses et qui les déformait en les réfléchissant. — Il manquait de sens critique, dit un troisième. — Un quatrième ajouta : il n'avait pas d'esprit. Et un cinquième murmura entre ses dents : il était bête... comme l'Himalaya. [1] »

1. Le vrai est que ce jugement sur Hugo a été porté par Leconte de Lisle (Voir *Fantômes et Vivants*, par Léon Daudet, p. 105).

CHAPITRE VI

LA POLITIQUE DE VICTOR HUGO

On ne peut contester ces textes. Ils se trouvent, je le répète, dans le troisième volume d'*Actes et Paroles*. Mais peut-être objectera-t-on : « Tout cela ce n'est pas vraiment Victor Hugo. Il n'est ici que le reflet de son milieu. » Je crois, en effet, que ces énormités sont moins d'un homme que d'une époque. Elles représentent au juste la pensée des vieilles barbes de 1848. Je ferai seulement remarquer que lorsque ces énormités passent par la plume de Hugo, elles deviennent particulièrement cocasses. Et je pense que cela tient à la grandiloquence du verbe pour exprimer une pensée qui est d'un primaire. Par exemple, la beauté et la noblesse du suffrage universel ont été sans doute plusieurs fois chantées. Et le contraste entre le chant et la réalité ne peut qu'être plaisant. Mais connaissez-vous quelque chose d'aussi réjouissant que cette peinture de l'électeur faite par Hugo, dans une séance de la Chambre, en 1850 : « *Quel accroissement de dignité pour l'individu, et par conséquent de moralité ! Quelle satisfaction, et par conséquent quel apaisement ! Regardez l'ouvrier qui va au scrutin. Il y entre avec le front triste du prolétaire accablé, il en sort avec le regard d'un souverain* [1]. » Non, débité par un des membres de la gauche, qui — nous dit le procès-verbal de la séance — acclament cette tirade, cela n'aurait pas ce haut comique.

*
* *

Dans les discours politiques de Hugo, et particulièrement dans ses trois volumes

1. *Actes et Paroles*, tome I, p. 362.

d'*Actes et Paroles*, nous avons donc les croyances et les idées de 48. Que fut 48 pour les hommes comme Hugo ? Ce fut plus qu'une révolution politique ; ce fut comme l'avènement d'une nouvelle religion. « *Cette révolution, inouïe dans l'histoire,* s'écrie Victor Hugo, *c'est l'idéal des grands philosophes réalisé par un grand peuple, c'est l'éducation des nations par l'exemple de la France. Son but, son but sacré, c'est le bien universel, c'est une sorte de rédemption humaine. C'est l'ère entrevue par Socrate, et pour laquelle il a bu la ciguë ; c'est l'œuvre faite par Jésus-Christ, et pour laquelle il a été mis à mort*[1] *!* »

Quel est le dieu de cette religion ? C'est la *Liberté*. « *Votre cri : liberté*, déclare Victor Hugo, *c'est le verbe même de la civilisation. C'est le sublime* fiat lux *de l'homme ; c'est le profond et mystérieux appel qui fera lever l'astre.* » Entendez bien, la *Liberté*, mot indé-

1. Séance de la Chambre du 17 juillet 1851. *Actes et Paroles*, tome I, p. 427.

fini, non les *libertés*, réalités tangibles. « *Les libertés*, s'écrie Hugo, *cette énonciation est un non-sens. La Liberté est. Elle a cela de commun avec Dieu, qu'elle exclut le pluriel. Elle aussi, elle dit :* sum qui sum[1]. »

Religion qui sera belle parce qu'elle chassera le prêtre. Le prêtre, le prêtre de toutes les religions, c'est à cause de lui que l'Humanité est encore dans la misère et l'ignorance. Voilà ce que Hugo ne se lasse pas d'affirmer :

Et dire que la terre est tout entière en proie
Aux affirmations de ces prêtres sans joie,
Sans pitié, sans bonté, sans flambeau, sans raison,
Dont l'ombre, l'ombre, l'ombre et l'ombre est l'horizon[2] !

Je crois en Dieu. Voilà tout le dogme, et il n'est pas besoin de prêtre pour nous l'enseigner et nous le commenter. Mais qu'est-ce que Dieu ? C'est tout ce qui chante dans l'es-

1. *Actes et Paroles*, tome II, p. 365.

2. *Religions et Religion*, XIIIe vol. des *Œuvres complètes*, p. 225.

prit de Hugo, ou si vous voulez tout ce qui lui chante.

Il est, puisque c'est lui que je sens sous ces mots :
Idéal, Absolu, Devoir, Raison, Science...
Il est ! il est ! Regarde, âme. Il a son solstice,
La Conscience ; il a son axe, la Justice ;
Il a son équinoxe, et c'est l'Egalité ;
Il a sa vaste aurore, et c'est la Liberté [1].

Dieu, ce sera encore en bloc la révolution de 48, ou mieux, toutes les révolutions. Ecoutez ce discours de Hugo s'opposant à la revision de la Constitution : « *Messieurs, qu'on dise... nous allons supprimer cette révolution, nous allons jeter bas cette république, nous allons arracher des mains de ce peuple le livre du progrès et y raturer ces trois dates :* 1792, 1830, 1848 ; *nous allons barrer le passage à cette grande insensée, qui fait toutes ces choses sans nous demander conseil, et qui s'appelle la providence. Nous allons faire reculer la liberté, la philosophie, l'in-*

1. *Religions et Religion, Œuv. compl.*, XIIIe vol., p. 253.

telligence, les générations ; nous allons faire reculer la France, le siècle, l'humanité en marche ; nous allons faire reculer Dieu[1] *!* » Faire reculer Dieu ! voilà ce que j'admire avec stupeur, conclut avec juste raison Victor Hugo.

Comme toute religion, celle-ci aspirera à l'universalité. « *Mes amis, mes frères, mes concitoyens*, — s'écrie Victor Hugo en plantant en 1848 un arbre de la Liberté sur la place des Vosges — *établissons dans le monde entier, par la grandeur de nos exemples, l'empire de nos idées !... Unissons-nous dans une pensée commune, et répétez avec moi ce cri : Vive la liberté universelle ! Vive la république universelle !* » Mais avant la république universelle, il y aura la république européenne. « *Le peuple français a taillé dans un granit indestructible et posé au milieu même du vieux continent monarchique la première assise de*

1. Séance de la Chambre du 17 juillet 1851. *Actes et Paroles*, tome I, p. 427.

cet immense édifice de l'avenir, qui s'appellera un jour les États-Unis d'Europe[1]. » Et pourquoi s'établira-t-elle fatalement cette république européenne? Voici la raison péremptoire : « *L'Europe empire ou l'Europe république ; l'un de ces deux avenirs est le passé. Peut-on revivre le passé ? Evidemment non. Donc nous aurons l'Europe république*[2]. »

Mais pour avoir les États-Unis d'Europe, il faut effacer les frontières ? Parfaitement. « *La première des servitudes, c'est la frontière. Qui dit frontière, dit ligature. Coupez la ligature, effacez la frontière, ôtez le douanier, ôtez le soldat, en d'autres termes, soyez libres ; la paix suit.* » A une condition encore pourtant : « *Les guerres ont toutes sortes de prétextes, mais n'ont jamais qu'une cause, l'armée. Otez l'armée, vous ôtez la guerre*[3]. »

1. Chambre, 17 juillet 1851. *Ouv. cité*, p. 426.

2. Discours de Victor Hugo au Congrès de la Paix de 1872. *Ouvr. cité*, tome III, p. 285.

3. Discours de Victor Hugo au Congrès de la Paix de 1869. *Ouvr. cité*, tome II, p. 46.

Comme on le voit, c'est très simple. C'est à peu près avec de tels arguments que les républicains s'étaient opposés, en 1867, à la réorganisation de l'armée française. Pour avoir la paix, disait en substance Jules Simon, il faut que nous ayons une armée hors d'état de faire la guerre.

Voilà donc l'idéal de 48. Plus de frontières. « *Si la révolution de* 1848 *avait vécu et porté ses fruits*, s'écrira Hugo en 1855, *si la république fût restée debout, si, de république française, elle fût devenue, comme la logique l'exige, république européenne..., que serait aujourd'hui l'Europe ? Une famille. Les nations sœurs. L'homme frère de l'homme. On ne serait plus ni français, ni prussien, ni espagnol ; on serait européen* [1]. »

*
* *

Un premier pas pour atteindre un tel idéal, c'est d'unifier les nationalités. Telle est la

1. *Actes et Paroles*, tome II, p 184.

politique extérieure en harmonie avec les doctrines révolutionnaires. Et ici je ris quand je vois Victor Hugo anathématiser Napoléon III. Il se croit en opposition avec lui. Or, ils étaient on ne peut mieux faits pour s'entendre. Ils ont dans le cerveau les mêmes nuées romantiques, et notamment ils pensent à remanier la carte d'Europe exactement de la même façon.

« *Désormais*, — déclare Victor Hugo au Congrès de la Paix de 1849, — *le but de la politique grande, de la politique vraie, le voici : faire reconnaître toutes les nationalités, restaurer l'unité historique des peuples* [1]. » Voilà le principe des nationalités clairement posé. Voyons l'application : « *Debout! s'écrie Victor Hugo. Debout Italie ! debout Pologne ! debout Hongrie ! debout Allemagne, debout, peuples, pour la liberté* [2]. » Pour

1. *Actes et Paroles*, tome I, p. 485.

2. Cinquième anniversaire du 24 février. *Ouvr. cité*, tome II, p. 138.

l'émancipation de ces peuples, la France doit être prête à donner son sang. Ah! si, en 1848, « *la France, appuyée sur la grande épée de 92, eût donné aide, comme elle le devait, à l'Italie, à la Hongrie, à la Pologne, à la Prusse, à l'Allemagne...* »[1]. Que Victor Hugo prenne patience, la France, sous la conduite de Napoléon III, va travailler à l'unité de l'Italie et de l'Allemagne.

Donc, il convient de briser les obstacles qui s'opposent à l'unification des peuples. D'abord, un avertissement à la papauté. « *Il faut que la papauté*, déclare Hugo, *arbore ce double drapeau cher à l'Italie : sécularisation et nationalité ! Il faut que la papauté ne se comporte pas de façon à repousser à jamais les hautes destinées qui l'attendent le jour, le jour inévitable, de l'affranchissement et de l'unité de l'Italie*[2]. »

1. Sixième anniversaire du 24 février. *Actes et Paroles*, tome II, p. 178.

2. Séance de la Chambre du 15 octobre 1849. *Ouvr. cité*, tome I, p. 300.

Puis menaces à l'Autriche. « *La potence, c'est-à-dire l'Autriche, debout sur la Hongrie, sur la Lombardie, sur Milan, sur Venise ; la Sicile livrée aux fusillades ; l'espoir des nationalités dans la France détruit..., voilà où nous en sommes*[1] *!* » Voilà où nous en sommes, gémit Victor Hugo. Pas pour bien longtemps. Napoléon III réalisera le vœu de Hugo. Il s'emploiera à chasser l'Autriche de l'Italie, puis la laissera écraser par la Prusse. Résultat : l'Allemagne unie aidera la Prusse à nous écraser.

Menaces ensuite contre la Russie. « *Citoyens, il y a en Europe un homme qui pèse sur l'Europe... Cet homme s'appelle en politique l'Absolu, et en religion l'Orthodoxe... Il torture, comme bon lui semble, des peuples entiers ; il n'a qu'à faire un signe, et il le fait, pour vider la Pologne dans la Sibérie... Il tient dans ses mains une croix qui se ter-*

1. Séance de la Chambre du 17 juillet 1851. *Actes et Paroles*, tome I, p. 453.

mine en glaive et un sceptre qui se termine en knout. » Bref, « *Nicolas de Russie est le vis-à-vis de la Révolution*[1]. » Ce vis-à-vis de la Révolution, Napoléon III jettera, l'année suivante, l'armée française contre lui. Résultat : en 1870, la Russie restera sourde à notre appel.

En résumé, 1870-1871, l'unité de l'Italie et de l'Allemagne faites contre nous, comme conséquence l'Europe entière armée comme elle ne le fut jamais, tels sont les beaux résultats des rêveries de Hugo réalisées par le rêveur Napoléon III.

1. Discours du 29 novembre 1853. *Actes et Paroles*, tome II, p. 96.

CHAPITRE VII

RESPONSABILITÉ DE NAPOLÉON III

Ceux qui cherchent à innocenter Napoléon III du désastre de 70, prétendent en substance : « Si nous n'avons pas été prêts en 70, il ne faut pas en incriminer le gouvernement impérial. Les vrais responsables sont l'*opposition* et l'*opinion.* » Certes, opposition et opinion ont une part de responsabilité. Je suis le premier à le reconnaître, comme en témoignent les chapitres précédents. Mais cette part est loin d'être la plus lourde. Et il est bon de rappeler ici le mot du duc de Broglie, déclarant en 1868 : « Hélas ! nous sommes dans un temps de sottises ! c'est l'opposition qui les dit, et c'est le gouvernement qui les fait [1]. » Ceci ne résume pas mal la part de responsabilité de chacun.

Pour innocenter Napoléon III, ses défenseurs le prétendent clairvoyant en 1867. Après Sadowa, Napoléon III a compris qu'il importait de renforcer notre armée ; il l'a déclaré, il a élaboré des projets en ce sens. Mais ces projets se sont heurtés à l'hostilité du Conseil d'État de la commission de la Chambre, des ministres eux-mêmes, si bien que la loi de 1868, que le gouvernement finalement présenta et fit passer, se trouva être insuffisante. Peut-on en faire grief à Napoléon III? Telle est la thèse des défenseurs de l'Empire.

Admettons que Napoléon III ait été clairvoyant en 1867. Est-ce diminuer sa responsabilité ? Bien au contraire; c'est la rendre plus lourde encore. Dès lors que Napoléon III

1. Cité par Darimon dans les *Irréconciliables sous l'Empire*, p. 151.

a vu clair, on n'aurait le droit, devant la catastrophe, de le décharger de toute faute, que s'il n'avait échoué dans la réorganisation de l'armée qu'après avoir mené contre le Parlement et l'opinion publique une lutte sans merci comme celle que Bismarck mena, entre 1862 et 66, contre le Landtag et les électeurs prussiens. Mais étant donné l'attitude de Napoléon III, le montrer clairvoyant, c'est l'accabler. Car quels efforts le voyons-nous faire pour imposer ce qu'il jugeait nécessaire à la défense nationale? Il n'eut que de simples velléités qui ne se transformèrent en aucun acte d'énergie.

Direz-vous que de tels actes eussent été impossibles ou inutiles? Alors, c'est accabler l'Empire. C'est montrer le gouvernement impérial obligé, comme un vulgaire parlementaire, de sacrifier les intérêts les plus sacrés du pays à ses intérêts électoraux, de consulter le vent de l'opinion et d'y abandonner notre barque, quitte à la voir se briser sur les récifs.

*
* *

Mais Napoléon III fut-il si clairvoyant en 1867 ? Pour le penser, il faut penser alors qu'il est devenu tout à coup bien terriblement aveugle en 70. Car, enfin, s'il a jugé la loi militaire votée en 1868 insuffisante, s'il a estimé qu'elle ne nous donnait pas une armée capable de lutter contre les armées allemandes, ne devait-il pas, dans ce cas, tout faire pour éviter la guerre, ou tout au moins, si la guerre était inévitable, pour gagner du temps. Or, est-ce ainsi qu'il agit ? Nullement. Nous le voyons, en juillet 1870, se précipiter dans la lutte. Ceci n'est explicable que s'il croyait notre armée prête et assurée de la victoire. Ou alors, c'est folie ou crime.

Je dis qu'en juillet 70, Napoléon III se précipite dans la lutte. Il faut rappeler les faits. On déclare d'ordinaire que c'est Bismarck qui nous a acculés à la guerre en falsifiant la fameuse dépêche d'Ems. Cela est vrai, en grande partie. En falsifiant (par omission) cette dépêche, Bismarck la rendait insultante pour la France, alors que, dans son texte intégral, elle n'avait pas le même caractère. Mais que disait cette dépêche ? que le roi de Prusse, alors en villégiature à Ems, après plusieurs entrevues avec notre ambassadeur Benedetti, avait refusé de le recevoir une dernière fois, et lui avait fait dire qu'il n'avait plus rien à lui communiquer. Pourquoi ce refus ? Ceci nous oblige à rappeler en quelques mots l'incident Hohenzollern.

Le 2 juillet 1870, la France apprenait la candidature officielle du prince Léopold de Hohenzollern au trône d'Espagne, candidature dont on parlait, dans certains cercles, depuis octobre 1868. Le gouvernement français déclare alors qu'il s'oppose à cette candidature ; c'est la guerre si elle n'est pas retirée. Je n'ai pas à entrer ici dans les négociations relatives à ce sujet. J'arrive tout de suite au dénouement. Le 12 juillet, le prince Antoine de Hohenzollern fait savoir au gouvernemcnt espagnol que « devant les complications que cette candidature paraissait rencontrer... » il la retire au nom de son fils Léopold. Comme dit très bien M. Welschinger, « pour assurer la paix », il suffisait au gouvernement français « de prendre acte de cette renonciation ». Mais ici, le gouvernement français semble atteint de folie. Que prétend-il imposer au roi de Prusse ? Que celui-ci fasse en quelque sorte des excuses et s'engage à renoncer *pour toujours* à la candidature du prince Léopold. C'était aller « le cœur léger » au-devant de nouvelles complications. Quand le roi Guillaume reçut, le 13 juillet, le rapport de son ambassadeur à Paris, relatant son entrevue de la veille avec le duc de Gramont, dans laquelle avaient été exposées les nouvelles exigences du gouvernement français, il entra dans une violente fureur. « A-t-on jamais vu pareille insolence? écrivait-il à la reine Augusta. Il faut que je paraisse devant le monde comme un pécheur repentant. » Et, ce même jour, Guillaume Ier

déclarait à notre ambassadeur Benedetti : « Vous me demandez un engagement sans terme et pour tous les cas. Je ne saurais le prendre. » C'est là-dessus que se fit la rupture. Voilà ce qu'il importe de se rappeler, pour juger la responsabilité de chacun.

Je le répète, après le désistement du prince Léopold, l'incident pouvait être clos et la paix assurée, du moins pour le moment. Bismarck le crut si bien, il considéra si bien — lui qui voulait à tout prix nous obliger à la guerre — le retrait de la candidature Hohenzollern comme un échec de sa politique, qu'il envoya par dépêche à son roi sa démission. Cette démission ne fut pas acceptée, et Bismarck reprit espoir en voyant le gouvernement français se lancer dans de nouvelles exigences. De ces nouvelles exigences, il allait pouvoir faire sortir ce conflit qu'il désirait.

Tout cela est archiconnu. Si j'ai cru bon de le rappeler, c'est, encore une fois, pour montrer que Napoléon III n'a certes pas agi alors comme un chef qui aurait estimé son armée inférieure aux armées allemandes. Qu'est donc devenue, à ce moment-là, cette clairvoyance dont il aurait soi-disant fait preuve en 1867 ?

*
* *

Si on veut les détails sur ces négociations franco-prussiennes que je viens d'exposer, on les trouvera, avec toutes les références convenables, dans l'ouvrage de M. Henri Welschinger, sur les *Causes et responsabilités de la guerre de 1870*. Dans cet ouvrage, l'auteur y résume si parfaitement la responsabilité de Napoléon III que je ne saurais mieux faire que de citer cette page suggestive. La voici : « *Quant à l'empereur Napoléon III, sa responsabilité n'est pas moins évidente que celle de ses ministres et de ses conseillers. Esprit brillant et cultivé, mais en proie aux rêveries et aux chimères, ainsi qu'aux contradictions les plus surprenantes, s'ingéniant à créer lui-même autour de la France des États puissants qu'il croyait faire graviter dans son orbite tutélaire, ayant formé une Italie qui devait l'étonner lui-même par son ingratitude, ayant laissé écraser le fidèle Danemark et amoindrir l'Autriche qui aurait pu être pour nous une alliée sûre et utile, ayant fait les affaires de la Prusse qui lui semblait incarner l'avenir, et quel avenir ! il ne s'apercevait pas qu'il sapait l'œuvre de nos meilleurs ouvriers politiques et allait bientôt renverser l'édifice tout entier. Ce prince, auquel on prêtait des conceptions mystérieuses et grandioses, avait parfois de prodigieuses ingénuités. Il croyait à des fantômes comme la solidarité internationale et à la reconnaissance des nations bien nanties : « Nous descendons doucement vers la cataracte du Niagara, écrivait déjà Lamartine à son ami Dargaud, le 9 janvier 1861. Dans deux ans, sauve qui peut ! Vous savez ma pensée sur l'unité italienne, prélude de l'unité alle-*

mande, deux stupidités et deux trahisons commises par des Français ! Jamais le quos vult perdere dementat *n'a été aussi évident*[1]. »

Voilà pour la diplomatie. Et quant à la préparation à la guerre contre la Prusse, voici ce qu'en écrit M. Welschinger : « *L'empereur acceptait l'idée de cette guerre, mais sans rien tenter de sûr pour rendre la guerre efficace. Il commençait des réformes qu'il n'était pas en état de faire aboutir ; il entreprenait des préparatifs qu'il ne pouvait mener jusqu'à leur achèvement normal ; il n'arrivait pas à dompter l'inertie ou le mauvais vouloir d'une majorité plus occupée de ses intérêts électoraux que des intérêts du pays. Il essayait, il est vrai, secrètement auprès d'elle des démarches qui, malgré son insistance, n'aboutissaient pas, car il ne se faisait ni obéir, ni craindre, et trouvait dans ses propres conseils des hommes qui se mettaient en travers*

1. *La guerre de 1870. Causes et responsabilités*, par Henri Welschinger, tome I, p. 33.

de ses meilleurs desseins. Il comptait aveuglément sur la neutralité des Etats du Sud, où cependant les agents de Bismarck faisaient croire que la France était le seul obstacle à l'unité allemande. Il négociait des projets d'alliances qui demeuraient malheureusement à l'état d'ébauches. Il se contentait des lettres majestueuses d'un empereur ou d'un roi, au lieu de traités formels... Il flattait l'Italie, en même temps qu'il la froissait. Il faisait des avances sans portée à l'Autriche qui n'osait croire à la sincérité absolue de ses desseins et redoutait toujours quelque mauvais coup préparé dans l'ombre contre elle. Il paraissait compter sur la bienveillance loyale de la Russie, dont il contrecarrait la politique en Orient, sourd à des invites de sa part qui, bien comprises, eussent peut-être pu déconcerter les plans des Prussiens [1]. »

Et voici la conclusion, qui est écrasante pour Napoléon III : « *Jouet de ses propres*

1. *Ouvr. cité*, p. 35.

caprices et de ses velléités, dupe de ses conseillers et de ses amis, il menait le pays vers une guerre fatale, sans vues déterminées, sans ressources suffisantes, sans appuis extérieurs. »

CHAPITRE VIII

NAPOLÉON III ÉTAIT AVERTI

Les hommes de l'opposition, je l'ai montré, ont agi avec le pire esprit de parti, sans avoir égard aux intérêts de la Patrie. Ils ont été ou fous, ou stupides, ou criminels. C'est entendu. Et ce qu'ils ont dit ou fait aurait dû les écarter à jamais du gouvernement de la France. Mais il y a une excuse qu'ils pourraient pourtant à la rigueur présenter : « Nous ne savions pas. Nous ne connaissions pas les forces de la Prusse, nous ignorions ses formidables préparatifs. » Or, une telle excuse est impossible au gouvernement impérial. Napoléon III a été averti, et très exactement averti, notamment par deux militaires, le colonel Stoffel et le général Ducrot. Il a été averti de la supériorité de l'armée allemande, en effectif, en rapidité de mobilisation, en armement. Il a été averti du danger inévitable de la guerre, auquel on ne pouvait parer que par des préparatifs équivalents aux préparatifs prussiens. Il a été averti que la réorganisation de l'armée par la loi de 1868 nous laissait en infériorité. Bref, il a été on ne peut mieux averti du désastre. Et ceci rend sa responsabilité encore plus écrasante.

Le colonel Stoffel fut notre attaché militaire à Berlin de 1866 à 1870. Pendant ces quatre années, il a envoyé au gouvernement français des rapports qui sont remarquables de clairvoyance. Ces rapports ont été souvent cités [1]. Si j'y reviens, c'est qu'ils mettent en relief les fautes de l'Empire que certains voudraient effacer.

Le colonel Stoffel ne se lasse pas de faire l'éloge de l'armée prussienne, ceci pour met-

1. Rapports militaires écrits de Berlin, 1866-1870, par le colonel Baron Stoffel.

tre en garde le gouvernement français. Tous les efforts sont dirigés vers l'armée, déclare-t-il, tous les honneurs lui sont réservés. « Quels que soient les défauts qu'on puisse trouver à l'organisation militaire de la Prusse, — écrit-il notamment, — comment ne pas admirer ce peuple qui, *ayant compris que pour les Etats, comme pour les individus, la première condition est d'exister*, *a voulu que l'armée fût la première*, *la plus honorée de toutes les institutions*, que tous les citoyens valides participassent aux charges et à l'honneur de défendre le pays ou d'augmenter sa puissance, et que ceux-là fussent par-dessus tout estimés et considérés ? » Et, en note, il ajoute : « J'ai déjà dit qu'en Prusse, tous les honneurs, tous les avantages, toutes les faveurs sont pour l'armée ou ceux qui ont servi [1]. »

L'armée n'est pas seulement honorée, elle est admirablement préparée. « Je ne saurais trop insister sur les soins incessants qu'on

1. Rapport du 23 avril 1868, p. 101.

prend ici pour être, à un moment quelconque, en mesure de faire la guerre avec le plus de chance possible de succès. La langue allemande a même un mot : *kriegsbereitschaft*, pour exprimer cet état de préparation où doit se trouver constamment une armée qui comprend véritablement sa mission. Tenir l'armée continuellement prête pour la guerre, et cela sans négliger un seul des nombreux détails que cet état comporte, tel est le but vers lequel tendent avant tout les efforts du gouvernement prussien [1]. »

A qui est due cette admirable préparation? Surtout à *l'influence considérable et personnelle du Roi*. C'est lui « qui, pendant vingt ans, comme prince et pendant dix ans, comme régent ou comme roi, a donné tous ses soins à l'armée, avec une sollicitude, une passion, une bonne humeur telles qu'il en a fait un instrument redoutable » [2].

1. Rapport du 12 décembre 1868, p. 263.
2. Rapport du 22 juillet 1868, p. 201.

Et quel est le résultat ? C'est que cette armée nous est supérieure en presque tout. L'artillerie d'abord. « Il faudrait en prendre notre parti si la guerre venait à éclater : *le matériel d'artillerie prussien est très supérieur au nôtre*[1]. » L'état-major. « Il faut le proclamer bien haut, comme une vérité éclatante : l'état-major prussien est le premier de l'Europe ; le nôtre ne saurait lui être comparé[2]. » Les effectifs. Les forces allemandes sont dénombrées dans les rapports du 23 avril et du 24 juin 1868. Elles sont calculées à 955.000 hommes pour la Confédération de l'Allemagne du Nord, et à 128.000 hommes pour l'Allemagne du Sud. Ne tenant compte que de la Confédération du Nord, — car on ne savait encore ce que ferait le Sud, — le colonel Stoffel s'écrie : « On est presque effrayé de songer que nous avons à nos portes

1. Rapport du 23 avril 1868 intitulé : Supériorité de l'armée prussienne, p. 107.

2. Même rapport, p. 112.

une puissance rivale qui nous trouve pour le moins incommodes, quoi qu'on en puisse dire, et qui, par suite d'une organisation dont elle ne peut se départir, dispose de plus de 900.000 soldats, tous rompus au métier des armes. J'insiste et je répète : *tous rompus au métier des armes ;* car il ne s'agit ici ni de gardes nationaux sédentaires, ni de gardes nationales mobiles, mais bien de soldats qui servent tous pendant trois ans, ou qui, après avoir servi, sont entretenus et confirmés par des exercices annuels jusqu'à l'âge de trente-deux ans. *Dès lors, et abstraction faite de notre infériorité sous tant de rapports, comment lutterons-nous, avec les quelques centaines de mille d'hommes seulement dont se compose notre armée, contre des effectifs doubles et même triples des nôtres et si fortement constitués ?* [1] »

Reste la mobilisation. « Il faut nous le tenir pour dit, déclare le colonel Stoffel :

1. Rapport du 28 février 1870, p. 402.

nous ne surprendrons pas la Prusse. Son organisation militaire, qui lui permet de concentrer sur nos positions, en vingt ou vingt-cinq jours, plusieurs armées de 100.000 hommes chacune; la vigilance du gouvernement qui préside à ses destinées; sa croyance dans la probabilité d'une lutte suprême avec la France, sont autant de raisons pour que nous la trouvions toute préparée à l'heure où éclatera le fatal conflit [1]. »

En résumé, la guerre est inévitable [2] ; il faut pour répondre aux préparatifs de la Prusse que la France soit « armée jusqu'aux dents » [3] ; au lieu de cela, la France est frappée d'un funeste « aveuglement » [4] ; la loi votée en 1868 est insuffisante [5] ; et le résultat est que *la Confédération de l'Allemagne du Nord disposera de* 1 *million de soldats*

1. Rapport du 12 août 1869, p. 315.
2. Même rapport.
3. Rapport du 23 février 1870, p. 386.
4. Rapport du 12 août 1869, p. 316.
5. Même rapport.

instruits, disciplinés et fortement organisés, lorsque la France en compte à peine 300.000 *à* 400.000 [1].

Voilà ce que le colonel Stoffel prédisait au gouvernement impérial. On sait comme ses prédictions se sont réalisées à tous les points de vue.

*
* *

J'ai dit qu'un autre officier jeta un cri d'alarme qui, hélas ! ne fut pas plus écouté. C'est le général Ducrot. Commandant la 6e division, à Strasbourg, de 1865 à 1870, le général Ducrot était bien placé pour surveiller ce qui se passait alors au delà de la frontière. Les lettres qu'il écrit concordent exactement avec les rapports du colonel Stoffel[2]. La guerre est inévitable : « A moins d'être aveugle, il n'est pas permis de douter que la

1. Rapport du 12 août 1869, p. 324.

2. Voir *La vie militaire du général Ducrot d'après sa correspondance*, tome II.

guerre éclatera au premier jour [1]. » Les Allemands nous écraseront sous leurs effectifs supérieurs de soldats exercés. « Pendant que nous délibérons et discutaillons, nos bons voisins les Allemands se préparent avec une ardeur fébrile ; *dès aujourd'hui, ils sont en mesure de mettre en ligne huit cent mille hommes et douze cents bouches à feu. Il nous faudrait faire de grands efforts pour leur opposer quatre cent mille hommes et trois cents bouches à feu.* C'est une disproportion vraiment effrayante et qui devrait donner à réfléchir aux moins clairvoyants et aux plus optimistes [2]. » « Notre préparation comparée à celle de la Prusse est dérisoire et, le jour où la lutte commencera, *nos forces seront à celles de nos adversaires dans la proportion de un à trois.* En quarante-huit heures, ils peuvent jeter sur notre territoire de cent vingt à cent cinquante mille hommes, et en onze

1. Lettre du 5 décembre 1866, *Ouvr. cit.*, p. 146.
2. Lettre du 26 février 1867, *Id.*, p. 154.

journées, calculées mathématiquement, faire arriver en ligne cinq cent mille combattants avec pareil chiffre de réserves en arrière, pour occuper les forteresses, s'échelonner sur les bases d'opération. *Nous n'arriverons certainement pas à un pareil résultat en onze semaines !* Il y aura donc un moment où les gens qui, comme moi, sont en première ligne, se trouveront fort embarrassés [1]. »

« Notre préparation comparée à celle de la Prusse est dérisoire », déclare ici le général Ducrot. Aussi il se demande si le gouvernement français n'est pas « frappé de démence ». [2] Il déclare : « Nous n'avons plus de gouvernement. Dans l'entourage de l'Empereur, c'est une véritable anarchie : aucune entente entre les ministres, entre les membres de la famille impériale. L'Empereur, tout en paraissant comprendre la gravité de la situation, la nécessité de se débarrasser

1. Lettre du 22 juin 1868, *Ouvr. cité*, p. 251.

2. Lettre du 5 décembre 1866, *Id.*, p. 146.

d'hommes usés et déconsidérés, ne peut se décider à prendre une grande résolution ; *il se traîne à la remorque des événements sans chercher à les prévoir, sans prétendre à les diriger*[1]. » Le 25 septembre 1869, parlant d'un projet d'annexion du grand duché de Bade à la Confédération du Nord, le général Ducrot déclare encore : « Je crois que les choses continueront à marcher comme elles marchent depuis trois ans : l'annexion se fera, et nous regarderons faire ; l'Impératrice se promènera, recueillera des triomphes, des ovations, fera dépenser beaucoup d'argent à ses illustres hôtes, en dépensera beaucoup. Pendant ce temps, l'Empereur fumera des cigarettes, se frisera la moustache ; Forcade de la Roquette se cramponnera à son portefeuille, Rouher guettera un tour pour faire sa rentrée au pouvoir, la révolution continuera à faire son chemin, et, *un beau jour, la Prusse, devenue l'arbitre de l'Europe,*

1. Lettre du 9 novembre 1867, *Ouvr. cité*, p. 196.

mettra son talon sur la France, annexant au grand Empire germanique la Lorraine et l'Alsace, tandis que le désordre et l'anarchie bouleverseront notre pauvre pays[1]. »

De telles lettres sont prophétiques. Certes, ces lettres, qui sont adressées aux uns et aux autres, n'ont pas toutes été connues de Napoléon III, comme les rapports du colonel Stoffel. Mais il en a connu la substance. Le général Ducrot s'est arrangé, en effet, pour que son cri d'alarme fût entendu de l'Empereur. Ce cri a été entendu, mais non écouté. « Tout, absolument tout ce que j'avais prévu se réalise, écrivait le général Ducrot, le 13 août 1870 ; le plan de campagne que suivent les Prussiens est exactement celui que je traçais dans dix rapports adressés à l'Empereur, au ministre, dans les conférences auxquelles j'assistais à l'École d'artillerie ! Si l'on avait daigné m'écouter quelque peu, nous n'en serions pas réduits au misérable

1. *Ouvr. cit.*, p. 321.

rôle que nous jouons en ce moment[1]. » Et le soir de Sedan, Napoléon III reconnaissait devant le général Ducrot : « *Vos pressentiments sur les intentions de la Prusse, ce que vous m'aviez dit de ses forces militaires et du peu de moyens que nous aurions à leur opposer, tout cela n'était que trop vrai ; j'aurais dû tenir plus compte de vos avertissements et de vos conseils*[2]. »

Il ne servait plus à rien de déplorer. Il fallait prévoir. Et si gouverner, c'est prévoir, on peut dire que, dans les années qui précèdent 1870, la France a subi le plus criminel des gouvernements. Ce gouvernement n'a rien prévu, et pourtant, on le voit, il était dûment averti.

1. *Ouvr. cit.*, p. 381.
2. *Journée de Sedan*, par le général Ducrot, p. 43.

CHAPITRE IX

LA GARDE MOBILE

Quelle est exactement la loi militaire discutée en 1867-1868, à propos de laquelle l'opposition a débité les sottises criminelles que j'ai relevées, qui néanmoins a été votée, et qui soi-disant devait nous mettre en mesure de répondre victorieusement à l'attaque de la Prusse, voilà ce que je crois à présent utile d'exposer pour poursuivre notre recherche des responsabilités.

En 1866, par sa victoire sur l'Autriche, la Prusse se révélait un adversaire redoutable. De plus, le gouvernement français avait été obligé de reconnaître que notre armée, — pour diverses causes, parmi lesquelles on peut signaler une cause matérielle : l'expédition du Mexique et une cause morale : l'incurie générale, — que notre armée donc se trouvait alors très affaiblie. En 1866, notre « désorganisation », écrit G. Rothan [1], en était « arrivée au point de ne pouvoir mettre en ligne qu'une quarantaine de mille d'hommes ». Écoutez, d'autre part, cette anecdote qu'il rapporte et qui en dit long : « Je me rappelle le triste tableau que me faisait, en 1867, M. le général Ducrot, lors de l'affaire du Luxembourg. Il me disait en être réduit à fermer les portes de Strasbourg, sous prétexte de réparation aux ponts-levis, mais, en réalité, pour se mettre à l'abri d'un coup de main de la part des Allemands. La guerre était imminente, et il n'y avait pas un canon sur les remparts, toutes les batteries étaient démontées, les pièces et les affûts étaient en-

1. *La Politique française en 1866*, par G. Rothan, p. 231. (Rothan était, dans les années qui précèdent 1870, notre consul général à Hambourg. Il a surveillé de près les armements de la Prusse et a renseigné le gouvernement français.)

tassés pêle-mêle à l'arsenal ; il aurait fallu plusieurs mois pour mettre la place en défense.[1] »

Devant l'avertissement donné par la victoire prussienne, impossible de ne pas s'apercevoir qu'il fallait une réorganisation complète de notre armée. Vers la fin de 1866, Napoléon III convoqua donc, pour s'occuper de cette question, une Haute Commission composée des ministres, des maréchaux et de plusieurs généraux.

Le recrutement était alors régi par la loi de 1832. En voici les principales dispositions : contingent établi chaque année par une loi. Tirage au sort pour déterminer les jeunes gens de la classe qui feront partie de ce contingent, les autres étant définitivement libérés de tout service militaire. Remplacement facultatif pour ceux qui seront incorporés. Durée du service, sept ans. Séparation du contingent en deux parties. La première,

1. *Ouvr. cité*, p. 228.

plus ou moins nombreuse, suivant le budget alloué, est seule incorporée. L'autre reste dans ses foyers, à titre de réserve. Elle peut être appelée à l'activité par une simple ordonnance, et peut être soumise, entre temps, à des revues ou des exercices.

En 1855, l' « exonération » avait été substituée au « remplacement ». C'est-à-dire qu'on était exonéré du service militaire, simplement en versant une certaine somme d'argent à la caisse de dotation de l'armée.

Telle était la loi devant laquelle allait se trouver la Haute Commission réunie par Napoléon III.

Quelle fut l'attitude de cette Commission ? La voici parfaitement résumée : « Les membres *militaires* de la Commission, bien que différant entre eux sur le choix des moyens, posèrent en principe qu'il fallait arriver à ce que la France pût disposer d'*un million d'hommes exercés*, répartis en armée active, réserve et armée territoriale. Mais les membres *politiques* représentèrent à l'Empereur que le pays ne comprendrait pas un tel accroissement de charges survenant en pleine paix, surtout au moment où la France se préparait à recevoir pour hôtes, à l'occasion d'une grande Exposition, tous les souverains de l'Europe[1]. »

Les militaires se plaçaient au point de vue *défense nationale*, les politiques au point de vue *électoral*. Pour complaire à ces derniers, l'Empereur élabora alors avec le maréchal Niel un projet dans lequel les effectifs jugés nécessaires se trouvaient atteints, grâce à l'institution d'une garde mobile. La garde mobile devait être formée de tous les jeunes gens de la classe qui, reconnus bons pour le service, ne seraient pas, pour une raison ou une autre, compris dans le contingent. Ils ne pourraient être appelés à l'activité qu'en cas de guerre. En temps de paix, ils se trouveraient astreints à quelques exercices, chaque année. Malgré

1. *La Guerre de 1870*, rédigée à la section historique de l'état-major de l'Armée, tome I, p. 2.

l'opposition de la plupart des militaires, c'est ce projet qui fut adopté par la Commission.

De la Commission, le projet fut renvoyé au Conseil d'Etat, qui le vota sans grandes modifications. De là, il passa devant la Commission nommée par l'Assemblée législative, qui lui fit subir une plus grave amputation. Le projet primitif donnait au gouvernement le droit de convoquer la garde mobile, chaque année, pour une période de quinze jours. La commission de la Chambre consentit à ces quinze jours d'exercices, mais en les rendant inutilisables. Elle interdit, en effet, toute convocation entraînant un déplacement de plus d'une journée.

Le projet tel qu'il fut présenté par la Commission de la Chambre fut voté par 200 députés contre 60 et par 126 sénateurs contre 1. Si ce projet était insuffisant, il ne faut donc pas en rejeter, comme certains cherchent à le faire, toute la responsabilité sur l'opposition. Il faut en accuser d'abord les membres *politiques* de la Haute Commission nommée par l'Empereur, ensuite la Commission nommée par la Chambre. Mais voilà : ceci, c'est remonter jusqu'à Napoléon III, ce que certains veulent éviter. A la Commission qu'il avait réunie, l'Empereur n'avait qu'à imposer sa volonté (s'il en avait une). Tout au moins, il n'avait qu'à soutenir plus fermement qu'il ne l'a fait les membres compétents de cette Commission, les militaires. Quant à la commission de la Chambre, qui lui avait donné le pouvoir de se mettre en travers des mesures de salut public, si ce n'est Napoléon III lui-même ?

*
* *

Les critiques contre cette institution de la garde mobile — je parle des critiques de gens compétents — ne manquèrent pas. Je rappellerai seulement celle des deux militaires, dont j'ai déjà parlé et dont les avertissements furent prophétiques, le colonel Stoffel et le général Ducrot. Parlant de ce qu'on pensait en Prusse de la nouvelle loi militaire française, le colonel Stoffel écrivait : « La loi ne permet pas de donner à la garde nationale mobile la moindre instruction militaire. Aussi est-elle regardée dans son ensemble comme un non-sens ou comme une loi avortée qui, loin de rien ajouter à la puissance de la France, ne produira, au contraire, qu'un affaiblissement de ses ressources... Car quelle instruction militaire voulez-vous qu'on puisse donner à un homme qui dans la plupart des départements, et en *une seule journée*, aura deux ou trois lieues à faire, le matin, pour se rendre de son domicile au lieu de réunion, autant à faire, le soir, pour retourner chez lui, et qui, de plus, sera obligé, *dans cette même journée*, de se rendre aux appels, aux rassemblements de toute sorte, aux distributions d'armes, aux distributions d'effets, etc. ? Ne voyez-vous pas qu'il y a impossibilité matérielle à trouver, dans cette même et unique journée, un quart d'heure pour le consacrer aux exercices proprement dits ?... Ainsi, notre nouvelle loi de réorganisation militaire, en ce qui concerne la garde nationale mobile, est condamnée d'avance par le bon sens le plus vulgaire. Et pourtant, cette loi a été votée par les Chambres ! On a donc vu, chose à peine croyable, une grande nation se donner solennellement, par l'organe de ses représentants, une augmentation de 500.000 hommes pour la défense du pays, et s'enlever, en même temps, d'un même trait de plume, pour ainsi dire, les moyens de leur faire acquérir la moindre instruction militaire. Je doute qu'aucune Assemblée, dans aucun pays, ait jamais donné une preuve aussi flagrante d'inconséquence et de légèreté [1]. » Critiques semblables chez le général Ducrot [2].

1. *Rapports militaires écrits de Berlin.* Rapport du 12 août 1869, p.290, 292 et 296.

2. *La Vie militaire du général Ducrot*, d'après sa correspondance, tome II. Lettres du 31 décembre 1867 et 17 janvier 1868, p. 200 et 209.

Quant au maréchal Niel, que pensait-il de cette loi ? Remarquons d'abord qu'il s'était primitivement montré partisan, avec les autres membres militaires, du projet réorganisant l'armée et augmentant les effectifs, sans le recours à la garde mobile. Ce n'est que devant l'opposition des membres civils qu'il avait élaboré le projet qui porte son nom. Ce projet avait été en partie dénaturé par la Commission de la Chambre. Cependant, telle que la loi fut votée, le maréchal Niel l'accepta. Publiquement, il montra même à son égard un certain optimisme. « Notre armée, avec la nouvelle loi, déclarait-il, par exemple, sera plus forte qu'elle ne l'a jamais été, et elle correspondra parfaitement aux circonstances dans lesquelles nous nous trouvons[1]. » « Si je suis parvenu à vous démontrer d'abord, déclarait-il encore, que la loi n'impose aucun fardeau nouveau aux populations, qu'elle apporte, au contraire, un allégement,

1. Séance de la Chambre du 31 décembre 1867.

ensuite, qu'au point de vue de son efficacité pour la guerre, elle donne des forces considérables, inconnues, il faut le dire à notre pays, il me semble que l'Empereur a eu une heureuse inspiration [1]. » Mais ceci semble bien être, chez le maréchal Niel, de l'optimisme de commande. Car, d'après son historien, le Commandant de La Tour, l'attitude n'était pas la même dans le privé. « On a vu, écrit le commandant de La Tour, dans les discours du maréchal, que, pour rassurer l'opinion publique, il ne voulait pas laisser percer à la tribune le découragement qu'il éprouvait. Mais, dans l'intimité, au milieu de ses aides de camp, de ses officiers d'ordonnance, il donnait libre cours à ses appréhensions. Un de ses anciens officiers d'ordonnance (le général comte des Garets), témoin de tous ces événements, a bien voulu, dernièrement, nous donner ses impressions personnelles sur cette émouvante période de la vie du ma-

1. Séance du Sénat du 28 janvier 1868.

réchal... « Son ministère (c'est le général des Garets qui parle) a été une lutte perpétuelle, tant dans ses débats parlementaires que contre l'Empereur, très fatigué, sceptique, et entouré de courtisans qui lui disaient que tout était pour le mieux dans le meilleur des mondes. Le maréchal, un soir, après une de ces séances de lutte qu'il soutenait devant le Corps législatif, me racontait les efforts stériles qu'il avait faits pour bien faire comprendre à ses auditeurs comment l'armée prussienne était organisée, leur en donnant tous les détails : « Ils n'avaient pas l'air d'écouter », ajouta-t-il, et, achevant de se soulager dans le récit qu'il faisait de ses efforts, il s'écria : « Vous verrez ! les Prussiens feront sur « nous le bond de la panthère ! [1] »

Voici, d'autre part, ce qu'écrit G. Rothan [2] : « Le maréchal Niel était un cœur pa-

1. *Le Maréchal Niel*, par le commandant G. de La Tour, p. 290.

2. *Affaire du Luxembourg*, par G. Rothan, p. 265.

triotique et une vive intelligence. Il ne recula pas devant la tâche que l'Empereur lui imposait tardivement. Il devait succomber à la peine. Il affirmait le succès sans y croire, il tenait à relever le moral de l'armée... Mais, dans l'intimité, en présence de ses aides de camp, il ne cachait pas ses tristesses. Il leur disait que jamais il ne donnerait à l'Empereur le conseil de faire la guerre sans alliés et qu'il se ferait couper en quatre, plutôt que de lui permettre de la provoquer. »

En 1870, le maréchal Niel était mort. Et Napoléon III se lançait dans la guerre sans s'être assuré aucun allié !

CHAPITRE X

LES EFFECTIFS EN 1870

J'ai résumé, dans le chapitre précédent, la loi de 1868, instituant la garde mobile. Qu'est-ce qu'on comptait faire en cas de guerre de cette garde mobile qui, même si on l'eût soumise aux quinze jours d'exercices annuels projetés, n'aurait jamais formé qu'une troupe assez inexpérimentée ? On comptait l'employer à « garder les places fortes » et à « maintenir l'ordre à l'intérieur », afin de décharger d'autant les soldats de l'active et de la réserve.

En fait, quel fut le sort de la garde mobile ? Elle ne fut même pas organisée. L'interdiction, dont j'ai parlé précédemment, de soumettre ceux qui en faisaient partie à des déplacements de plus d'une journée, rendait de vrais exercices impossibles. De plus, les quelques essais que l'on tenta ne furent pas heureux. Voici, par exemple, ce qu'écrivait le général Ducrot, à la date du 14 septembee 1869 : « J'ai vu notre ministre de la Guerre (le maréchal Lebœuf) ; nous avons longuement causé et il ne m'a pas dissimulé qu'il trouve bien lourd l'héritage de son prédécesseur... C'est d'abord la garde nationale mobile qui est l'objet de ses préoccupations. « C'est, me disait-il, une école d'indiscipline et de désordre, une source de folles dépenses. Croiriez-vous que déjà nous dépassons de vingt-cinq millions le chiffre des sommes votées au budget pour cette portion de notre état militaire, et que le maréchal Niel avait pris l'engagement devant la commission du budget de réduire d'autant les dépenses de l'armée active ! Les réunions qui avaient été commencées à Paris ont donné lieu aux scènes les plus scandaleuses ; ce sont de véritables farces pour les exécutants comme pour les spectateurs, ridicules en attendant qu'elles deviennent dangereuses. Il était grand temps d'y couper court ; aussi n'ai-je pas hésité à demander qu'elles fussent définitivement suspendues... Nous devons réserver toutes les ressources du budget pour l'entretien et l'instruction d'une bonne et solide armée qui, en définitive, sera toujours destinée à donner ou à recevoir le premier choc qui, presque toujours, décide du sort d'une campagne [1].»

Finalement, le maréchal Lebœuf déclarait à la Chambre, peu de temps avant la guerre, que la garde mobile « n'ayant pu parvenir à s'organiser, ne figurait sur les contrôles que pour mémoire ».

Qu'en était-il du reste de nos forces ?

La loi de 1868 avait établi ainsi le recrutement : fixation du contingent, chaque année, par une loi. Tirage au sort pour déterminer

1. *La Vie du général Ducrot d'après sa correspondance*, tome II, p. 317.

ceux qui feraient partie de ce contingent. Remplacement admis. Institution d'une garde mobile comprenant tous ceux qui, reconnus bons pour le service, n'entraient pas pour une raison ou une autre dans le contingent. Séparation du contingent en deux portions, dont l'une passait cinq ans et l'autre cinq mois seulement sous les drapeaux. Durée du service : cinq ans dans l'armée active, quatre ans dans la réserve (celle-ci ne pouvant être appelée qu'en temps de guerre) ; dans la garde mobile, cinq ans.

Cette loi, d'après les calculs, devait, quand elle aurait produit son plein effet, c'est-à-dire au bout de huit ans, nous donner 1.200.000 hommes : 400.000 hommes d'active, 400.000 de réserve et 400.000 de garde mobile.

En fait, sur quels effectifs pouvions-nous compter au moment de la guerre ? Écoutons le gouvernement : « *Rappelons ici ce qui a été fait ; le tableau est assez grand pour se passer de commentaires : une armée de ligne de* 750.000 *hommes disponible pour la guerre.*

Près de 600.000 *hommes de garde mobile. L'instruction, dans toutes ses branches, poussée à un degré inconnu jusqu'ici ; nos règlements militaires remaniés et mis en rapport avec les exigences nouvelles...* 1.200.000 *fusils fabriqués en moins de dix-huit mois. Les places mises en état et armées, les arsenaux remplis, un matériel immense, prêt à suffire à toutes les éventualités quelles qu'elles soient. Tous ces grands résultats obtenus en deux années.* » Voilà ce qu'on peut lire dans le *Journal officiel* du 17 août 1869 ! Déjà, le 18 janvier de cette même année, à la rentrée du Parlement, dans son discours aux sénateurs et députés, Napoléon III avait déclaré : « *La loi militaire et les subsides, accordés par votre patriotisme, ont contribué à affermir la confiance du pays et, dans le juste sentiment de sa fierté, il a éprouvé une réelle satisfaction le jour où il a su qu'il était en mesure de faire face à toutes les éventualités... Le but constant de nos efforts est atteint : les ressources militaires de la France seront dé-*

sormais à la hauteur de ses destinées dans le monde[1]. »

Tout ceci est misérable illusion, mensonge ou bluff. Mais de telles assurances données par le gouvernement n'innocentent-elles pas en partie ceux qui, en 1870, criaient : « A Berlin ! » N'expliquent-elles pas la mentalité de ceux qui, devant nos revers, criaient à la trahison ? Le gouvernement leur avait tellement répété que nous étions prêts sous tous les rapports, que notre armée était admirable ! Ils ne pouvaient s'expliquer que par la trahison nos défaites répétées.

*
* *

Après le tableau présenté par le gouvernement, voyons quelle fut la réalité. En réalité, nous n'avons pu mettre en ligne qu'un effectif réel de 264.000 hommes[2]. Comment cela se fait-il ? L'explication est simple. « L'ar-

1. *Journal officiel* du 19 janvier 1860.
2. *La Politique française en* 1866, par G. Rothan.

mée active, écrit le colonel Rousset [1], se montait réellement, *sur le papier*, à 639.748 hommes. Mais, en défalquant de ce nombre les indisponibles et les troupes nécessaires à la garde de l'Algérie, à la constitution des dépôts et à la division d'occupation de Rome, on ne trouvait déjà plus que 407.082 combattants. En outre, comme la garde mobile n'était ni constituée, ni équipée, ni habillée, ni armée, ni instruite, il fallait prélever tout d'abord sur l'armée active un chiffre de 57.000 hommes environ, pour former la garnison des places fortes. Restent 350.000 hommes dont il convient de défalquer la gendarmerie (19.374 hommes) l'escadron des Cent-Gardes de l'Empereur (338 hommes), et les services administratifs (11.830). On voit qu'en tenant compte des déchets inévitables et des difficultés inhérentes au rappel des réserves que l'absence de toute réglementation de détail

1. *Histoire générale de la guerre franco-allemande*, par le lieutenant-colonel Rousset, t. I, p. 41.

rendait fort aléatoire, il devenait difficile de tabler sur un nombre rond supérieur à 300.000 hommes, même en comptant largement. C'était là une évaluation que tout le monde, j'entends dans le gouvernement, pouvait faire, et que personne ne fit. »

En fait, ce chiffre de 300.000 hommes se trouva être encore au-dessus de la réalité. C'est que, par suite des défauts et des lenteurs de la mobilisation, bien des réservistes ne purent rejoindre. Cette question de la mobilisation avait pourtant été une de celles sur laquelle le colonel Stoffel et le général Ducrot avaient particulièrement attiré l'attention du gouvernement français. J'ai déjà donné quelques extraits de leurs rapports ou de leurs lettres sur ce sujet. Voici encore une lettre du général Ducrot, qui vaut d'être citée. Il écrivait, le 17 janvier 1867 : « *Il est temps de mettre de côté tout sot amour-propre, toute folle présomption, et de profiter des enseignements que nous donnent les derniers événements ; il en est un, surtout, sur lequel on ne saurait trop méditer : le* 8 *mai* 1866, *le gouvernement prussien ordonnait la mobilisation de ses corps d'armée ; le* 19 *mai, tous ces corps d'armée étaient concentrés et venaient prendre position sur les frontières. Le* 15 *juin, la Prusse signifiait son ultimatum à la Saxe, au Hanovre et à la Hesse électorale, leur donnant jusqu'au soir pour y répondre. Le* 16, *l'armée prussienne franchissait la frontière ; le* 18, *elle faisait son entrée à Dresde. N'est-ce pas foudroyant ! En quatorze jours, cette armée de* 240.000 *hommes avait été portée à* 490.000 *hommes tous armés, habillés, équipés, encadrés ! Avec notre organisation actuelle, nous n'obtiendrons pas un semblable résultat en trois mois ! Et vous voulez que je ne sois pas inquiet ! Mais nous sommes à la merci des événements et des Prussiens ! Il faut être aveugle pour ne pas le voir !* [1] »

1. Cité dans *La guerre de 1870*, rédigée à la section historique de l'état-major de l'armée, t. II, p. 15.

Cet avertissement ne fut pas plus écouté que les autres. Je n'entrerai pas dans le détail des défauts d'organisation dans la mobilisation. Ils ont été souvent exposés. J'arrive tout de suite au résultat. Le voici : « *En quinze jours, l'armée, immobilisée sur la frontière, faute d'effectifs, ne reçut que* 142 *détachements, comptant en tout* 38.678 *hommes ; le* 6 *août*, 22 *jours après l'ordre d'appel et au moment même où commençaient les opérations décisives, la moitié à peine des hommes portés sur les situations d'effectif lui était parvenue ! Tel était le triste résultat produit par notre système de mobilisation, si tant est qu'un ensemble de mesures aussi incohérentes puisse recevoir la dénomination de système*[1]. »

Au contraire, l'organisation militaire de l'Allemagne « *lui permit de mettre les régiments d'infanterie sur le pied de guerre, en*

1. *Histoire générale de la guerre franco-allemande*, par le lieutenant-colonel Rousset, t. I, p. 113.

sept jours environ, ses troupes de cavalerie en dix jours, celles d'artillerie en onze jours [1]. » Le 3 août, la concentration des troupes allemandes sur notre frontière était terminée. « Dès lors, les forces dont pouvait disposer le roi de Prusse se montèrent au chiffre énorme de 510.670 hommes [2]. » Nous n'avions à opposer que « 222.242 hommes. Plus tard, après le 6 août, cet effectif s'accroîtra de 10.700 hommes par l'arrivée de plusieurs groupes de renfort. Mais, à ce moment, les terribles défaites de Wissembourg, de Spicheren et de Frœschviller auront déjà ouvert le territoire au flot des ennemis qui se pressent à nos portes : trois corps d'armée seront désorganisés, un autre sera entamé fortement, et la mobilisation encore inachevée, subira de ce fait une perturbation profonde qui l'arrêtera presque complètement [3]. »

1. *Ouvr. cité*, p. 126.
2. *Id.*, p. 135.
3. *Id.*, p. 121.

En résumé, quels furent les effectifs respectifs? Du côté allemand, « *plus de* 500.000 *hommes avec* 1.500 *pièces de canon à lancer en première ligne, contre* 300.000 *hommes à peine, que soutient une artillerie insuffisante et comme nombre et comme valeur;* 160.000 *hommes restés dans les dépôts d'Allemagne et destinés à alimenter les troupes de campagne au fur et à mesure des vides, tandis que la France en possède à peine la moitié ; enfin, une armée de deuxième ligne de près de* 190.000 *hommes, à laquelle nous n'avions rien à opposer du tout*[1]. »

Tel était le résultat de la « réorganisation » de notre armée par la loi de 1868. Telle était la lutte à laquelle l'Empire nous avait acculés.

1. *Ouvr. cité*, p. 105.

CHAPITRE XI

LE MINISTÈRE OLLIVIER
ET LA
CANDIDATURE HOHENZOLLERN

Notre armée n'était donc pas préparée en 1870 à lutter contre les forces allemandes. Dans ces conditions il n'y avait plus qu'une chance de salut : éviter la guerre ou tout au moins la retarder. Le ministère Ollivier a-t-il fait ce qu'il fallait pour cela ? C'est ce que je vais à présent envisager.

Il existe trois ouvrages importants sur cette question, écrits tous trois par des historiens consciencieux et impartiaux. Ce sont : *l'Histoire diplomatique de la guerre*

Franco-Allemande, par Albert Sorel ; *l'Histoire du Second Empire* (tome VI), par Pierre de la Gorce ; *la Guerre de* 1870, *causes et responsabilités*, par Henri Welschinger. C'est à ces ouvrages qu'au cours de ce chapitre, je ferai des emprunts.

Le 30 juin 1870, Emile Ollivier déclarait à la Chambre : « M. Jules Favre a posé au gouvernement cette question : « Vous êtes inquiets ; quelles sont vos inquiétudes, et de quel côté viennent-elles ?... » — *Je réponds à l'honorable M. Jules Favre que le gouvernement n'a aucune inquiétude, qu'à aucune époque, le maintien de la paix en Europe ne lui a paru plus assuré. De quelque côté qu'il tourne ses regards, il ne voit aucune question irritante engagée... Si le gouvernement avait la moindre inquiétude, il ne vous eût pas proposé, cette année-ci, une réduction de* 10.000 *hommes sur le contingent.* » Trois jours après, le 3 juillet, arrivait au quai d'Orsay la dépêche de notre ambassadeur à Madrid, M. Mercier de Lostende, annonçant la candidature du prince Léopold de Hohenzollern au trône d'Espagne.

Ce n'était pas la première fois qu'on parlait de cette candidature. Depuis octobre 1868, il en avait été question à plusieurs reprises. Après avoir accepté, le prince Léopold s'était retiré. Enfin, le maréchal Prim venait de remporter de nouveau son adhésion, tandis que le roi de Prusse donnait l'assentiment, comme chef de famille. On nous avait caché ces dernières négociations, espérant nous surprendre par une ratification rapide des Chambres espagnoles. Elles nous étaient dévoilées par la dépêche du 3 juillet. « Le gouvernement français fut pris à l'improviste ; il ne songeait plus à la candidature Hohenzollern ; la dernière négociation, celle de 1870, avait échappé, en partie, à la perspicacité de ses agents et à l'attention du cabinet. Il aperçut une manœuvre combinée contre lui, et un échec diplomatique qui le menaçait. Il en avait tant éprouvé déjà ! Il se sentait discrédité en France et en Europe ;

il comprit qu'une élection prussienne en Espagne fournirait à l'opposition une arme redoutable. » (Albert Sorel.)

Il existe une version d'après laquelle c'est Napoléon III lui-même qui aurait indiqué le prince Léopold de Hohenzollern au maréchal Prim, comme il avait indiqué, en 1866, le frère de ce prince, actuellement le roi Carol, aux électeurs roumains. Dans ses *Mémoires*, le maréchal Randon écrit : « L'Empereur a été jusqu'au dernier moment partisan de l'alliance prussienne. En 1869, au moment de la vacance du trône d'Espagne, recevant le général Prim, il lui disait : « Pourquoi ne prenez-vous pas un prince Hohenzollern, qui est mon parent ? » Dans le *Radical* du 5 août 1898, Arthur Ranc, qui cite ce passage, ajoute : « Cette révélation écrasante du maréchal Randon n'a jamais été démentie par les écrivains bonapartistes, par les défenseurs de Napoléon III et de sa politique. On s'est borné à faire le silence ; on s'est bien gardé de discuter sur un fait dont les détenteurs des papiers du maréchal Randon auraient pu fournir la preuve [1]. » Mais, comme il n'a jamais été fait allusion à ces paroles de Napoléon III nulle part ailleurs, il me semble difficile d'en faire état.

Quoi qu'il en soit, le 3 juillet 1870, tout le monde est d'accord au gouvernement français pour estimer que l'élection d'un prince allemand au trône d'Espagne est inacceptable. Il importe de négocier pour arriver au retrait de cette candidature.

« On pouvait s'adresser à Madrid, où se retrouveraient les souvenirs d'une traditionnelle amitié : M. de Gramont était trop bon gentilhomme pour demander compte au faible de ce qu'il pouvait imputer au fort. Derrière l'Espagne était la puissante Prusse. C'est vers la Prusse qu'incontinent le ministre s'oriente. Vers elle, il se tournera, moins en homme d'État qui cherche à dissiper un

1. Cité par Richard Cosse dans *La France et la Prusse avant la guerre* (Nouv. Librairie Nationale).

malentendu qu'en officier qui poursuit une réparation. » (P. de la Gorce.)

M. de la Gorce, d'une manière générale, est très dur pour le duc de Gramont. M. de Gramont était notre ministre des Affaires étrangères. Il a donc naturellement une grosse part de responsabilité. Mais, en lisant l'ouvrage de M. de la Gorce on a le sentiment qu'il accable le duc de Gramont pour alléger, si possible, la lourde responsabilité d'Emile Ollivier. Je sais qu'Emile Ollivier s'est défendu d'avoir été président du Conseil, déclarant que le titre et les prérogatives appartenaient à l'Empereur. Mais si, en effet, il n'avait pas le titre de président, il en avait l'autorité : « M. Ollivier avait mis trois mois et plus à former le cabinet du 2 janvier. Il en avait choisi tous les membres et il avait fait connaître à l'Empereur quelle serait « *sa politique* »... Il entendait si bien avoir une politique personnelle et réduire ses collègues à la défendre, qu'il amena lui-même la démission du comte Daru. » (Welschinger.) Au comte Daru avait succédé le duc de Gramont.

Devant la candidature du prince Léopold. le gouvernement français décide donc de s'adresser à la Prusse. Le duc de Gramont fait exposer à Berlin l'émotion causée en France. Il déclare à l'ambassadeur de Prusse à Paris, M. de Werther, que la France ne tolérera pas un prince allemand sur le trône d'Espagne. Jusque-là rien à dire. Mais voilà! Pour notre malheur, les Chambres françaises sont en session. Et c'est devant elles que l'affaire va être portée. Le parlementarisme — ce parlementarisme que Napoléon III et Emile Ollivier ont travaillé à installer — va jouer, et en grande partie à cause de lui les ministres commettront les plus folles imprudences. Et pendant qu'en Prusse l'affaire sera menée par *deux personnes*, le roi et Bismarck, en France c'est à la tribune du Parlement et par répercussion dans les journaux et dans la rue qu'elle sera débattue.

Le 5 juillet, sur la nouvelle que les Cortès

vont être réunis le 20 du même mois pour l'élection du roi, un député français, M. Cochery, dépose une interpellation. « Elle répondait aux préoccupations de l'opinion publique ; mais elle était une faute grave, car, en portant l'affaire à la tribune, M. Cochery et ses amis coupaient court à toute intervention diplomatique de l'Europe. » (Albert Sorel.)

Devant cette interpellation, les ministres se réunissent le 6 pour se concerter sur une déclaration destinée à être lue à la séance de la Chambre du même jour. « De la résolution qui serait prise pourrait sortir la guerre. On interrogea le maréchal Lebœuf. Le maréchal promit pour l'armée régulière une force réelle disponible de trois cent mille hommes dont deux cent cinquante mille hommes pourraient être entièrement organisés en quinze jours, et les cinquante mille autres huit ou dix jours plus tard... A cet effectif s'ajoutait la garde mobile. Le ministre convint que, dans la plus grande partie du territoire, elle n'existait que sur le papier ; mais, par une illusion peu excusable, il parla d'une force de cent vingt mille hommes disponibles pour une première mobilisation. » (P. de la Gorce.) Par ses déclarations optimistes et que la réalité devait si cruellement démentir, le maréchal Lebœuf est responsable, lui aussi, en partie, du désastre. Mais après le désastre, le maréchal Lebœuf, du moins, s'est retiré dans le silence. Il n'as pas eu l'impudence d'Emile Ollivier déclarant qu'il ne cesserait de revendiquer sa conduite « comme un titre de patriotisme et d'honneur »[1].

La déclaration du 6 juillet lue par le duc de Gramont, en réponse à l'interpellation Cochery, avait été acceptée à l'unanimité par les ministres, bien que quelques-uns la trouvassent dangereuse dans sa forme. Je ne la transcris pas ici en son entier. J'en donne seulement la conclusion. « Cette éventualité (l'installation d'un prince allemand sur le

1. *L'Empire libéral*, t. XIV, p. 607.

trône d'Espagne), nous en avons le ferme espoir, ne se réalisera pas. Pour l'empêcher, nous comptons à la fois sur la sagesse du peuple allemand et sur l'amitié du peuple espagnol. *S'il en était autrement, forts de votre appui et de celui de la nation, nous saurions remplir notre devoir sans hésitation ni faiblesse.* » Le ministère Ollivier remporta ce jour-là le plus beau succès parlementaire qui soit. Et sans doute voilà à quoi il visait. Cette dernière phrase que j'ai soulignée, « énergique et menaçante », souleva des applaudissements et des bravos enthousiastes sur tous les bancs de la majorité et jeta la minorité dans la stupeur. La séance fut interrompue de fait pendant plus d'une demi-heure et l'on put entendre répéter dans tous les groupes ces mots fatidiques : « C'est la guerre ! C'est la guerre ! » Voilà ce que déclare M. Welschinger présent à la séance. « Combien, écrit de son côté M. de la Gorce, ne serait pas plus grand l'enthousiasme des courtisans ! Les uns très troublés des progrès de l'opposition, voyaient dans la guerre un dérivatif; les autres rêvaient un regain de gloire pour l'Empire vieilli ; presque tous se flattaient, dans la transformation des choses, de retrouver leur crédit un peu amoindri. »

Mais si c'était un succès devant le Parlement et devant la Cour, était-ce un succès pour notre pays? Albert Sorel a écrit : « Dans cette entreprise fatale, la déclaration du 6 doit être considérée comme le premier désastre de la France. » Et il s'explique : « Le gouvernement impérial croyait faire de la grande politique en jetant ainsi le gant à la Prusse. Il faisait tout simplement le jeu de son adversaire... Cassante dans la forme, absolue dans les conclusions, la déclaration du 6 juillet mettait le roi Guillaume en demeure de subir un affront diplomatique ou de déclarer la guerre. » M. de la Gorce écrit de son côté : « Le manifeste, par l'âpreté de ses formes, semblait un premier acte de guerre plutôt qu'une invitation à négocier. » De plus, il « livrait à toutes les disputes des hommes une affaire redoutable, qui exigeait surtout de la discrétion et de la prudence ».

D'ailleurs, l'opinion là-dessus est unanime. « Le ministre des Affaires étrangères et le garde des Sceaux défendirent une déclaration par laquelle on jetait le gant à un voisin devenu un adversaire, sans se douter qu'ils allaient ainsi au-devant de son propre désir... Après la lecture de la déclaration, lord Lyons télégraphiait à lord Granville « que le ministre français ne s'était laissé aucune retraite. » (Welschinger.)

Il n'y a qu'Emile Ollivier qui est content de lui-même. « Cette déclaration, ose-t-il écrire, est irréprochable et je la relis après tant d'années avec satisfaction [1]. » Sans doute il pensait aux applaudissements qu'il avait recueillis ce jour-là. Et cela peint bien l'effroyable « légèreté » de cet homme.

Cependant, quoique la partie fût ainsi très mal engagée, nous pouvions nous en tirer

1. *L'Empire libéral,* tome XIV, p. 110.

encore avec honneur. Les actes ultérieurs du ministre allaient nous en empêcher.

*
* *

Je viens de montrer quelle grande faute diplomatique était cette Déclaration publique du 6 juillet, qui sonnait la guerre. Et pourtant, la guerre, Emile Ollivier ne la voulait pas. Mais il avait devant lui au Parlement un parti qui était belliqueux. C'est surtout en vue de ce parti que la Déclaration avait été élaborée. Elle était une attitude parlementaire.

Ecoutez ce qu'en a dit le maréchal Lebœuf devant la Commission d'enquête : « Le Conseil était partagé sur la formule. Plusieurs membres, tout en reconnaissant que la rédaction proposée était justifiée par les procédés de la Prusse, trouvèrent la forme trop vive. Qu'il me soit permis de dire que l'empereur était de cet avis. On modifia la rédaction séance tenante, mais à notre arrivée à la

Chambre, nous trouvâmes une grande animation parmi les députés. Le sentiment patriotique était très surexcité. *On se laissa entraîner* et la rédaction fut lue. » C'est bien ce que je disais, *on se laissa entraîner* pour plaire au Parlement, ou plutôt à une partie du Parlement, celle qui visait au renversement du ministère Ollivier et que le ministère tenait par conséquent d'autant plus à conquérir. Tels étaient les effets naturels de ce régime parlementaire vers lequel Napoléon III s'orientait depuis 1860 et qu'il venait d'installer avec l'aide d'Emile Ollivier. En régime parlementaire, la première préoccupation est de conquérir des voix. Même chez les patriotes, — et nous ne tenons pas à contester ce titre aux ministres d'alors, — les intérêts du pays ne viennent qu'ensuite [1].

1. Je dois faire remarquer que le duc de Gramont, dans son ouvrage : *La France et la Prusse avant la guerre*, s'élève avec force contre l'assertion du maréchal Lebœuf qu'il y aurait eu deux rédactions de la Déclaration. Il n'y a eu qu'une seule Déclaration, affirme-t-il,

Il serait trop long d'entrer dans le détail de tous les pourparlers qui ont eu lieu entre la France et la Prusse. Je les résume très brièvement. Le 7 juillet, notre ambassadeur à Berlin, Benedetti, reçoit l'ordre de se rendre à Ems, où se trouve le roi de Prusse. Benedetti est chargé d'obtenir du roi l'affirmation qu'il « n'approuve pas l'acceptation du prince de Hohenzollern et lui donne l'ordre de revenir sur cette détermination prise sans sa permission ».

Quel était l'état d'esprit du roi ? Le roi ne désirait pas la guerre, — tout au contraire de Bismarck, — et devant les complications

et c'est celle-là qu'il a lue à la tribune de la Chambre. Peu importe. Si ce n'est pas à la Chambre que le gouvernement s'est « laissé entraîner », c'est alors au conseil des ministres. « Notre déclaration sera modérée, affirmait Emile Ollivier à l'ambassadeur d'Angleterre... Elle sera aussi modérée que le permet l'esprit public. » Eh ! que devient alors la prétention d'avoir été « inaccessible » à toute influence, de n'avoir eu aucun « souci » du qu'en-dira-t-on, de n'avoir agi que de sa « propre initiative » ?

qu'entraînait la candidature du prince Léopold, il était disposé à s'arranger, sous-main, pour qu'elle fût retirée, si on lui permettait de le faire sans que cela parût de sa part une reculade.

« Il tombait sous le sens le plus ordinaire, écrit M. Welschinger, qu'on ne pouvait exiger un retrait public et immédiat du consentement donné par le roi, sous peine d'hostilités prochaines... Il fallait se contenter de la déclaration par laquelle il se disposait à approuver la renonciation au trône, si le prince y acquiesçait... Il convenait d'amener le prince à se désister en laissant au roi le temps d'approuver le désistement, sans se préoccuper d'une agitation factice soulevée au Corps législatif par les ultras, et dans la presse par les faiseurs. Un ministère énergique, et sachant ce qu'il voulait, se fût habilement tiré d'affaire. »

M. de La Gorce écrit de son côté : « La vraie politique consistait à réclamer le désistement avec une fermeté tranquille et à étayer sur l'adhésion des puissances la revendication. Que si on obtenait la renonciation, la prudence commandait de prendre aussitôt acte du résultat, de ne point compliquer une question d'honneur par des questions d'amour-propre, de ne point paraître remarquer les subterfuges plus ou moins disgracieux sous lesquels la Prusse voilerait son échec. Hanté par le souvenir de Sadowa, M. de Gramont portait plus haut ses vues. Il ne se contenterait pas de dénoncer honorablement l'incident, mais il y chercherait l'occasion d'imposer à la Prusse un recul public et au roi le désagrément de se déjuger. Ainsi, pensait-il, compromettant le fond pour rendre la forme plus déplaisante et savourant à l'avance une humiliation diplomatique qui serait l'ornement du succès. Le discours du 6 juillet avait été le manifeste de ce patriotisme sincère, mais inopportun. Les instructions expédiées à Ems n'étaient que le prolongement de la même erreur. »

A cette date, « Guillaume écrivait à la reine

Augusta qu'il n'avait pas encore reçu de réponse à sa communication, ce qui semble indiquer que le roi avait secrètement invité le prince Antoine à prier son fils de retirer sa candidature. Mais il ne l'avouait pas publiquement, parce qu'il avait lui-même engagé le prince à accepter, et parce qu'il ne voulait pas paraître faire personnellement des concessions que le chancelier et le parti militaire eussent sévèrement blâmées. Enfin, il ne lui convenait pas de s'incliner devant des exigences qui avaient pris l'air d'une menace. » (Welschinger.)

Toujours est-il que le 12 juillet, le gouvernement reçoit d'Espagne la nouvelle que le prince Antoine de Hohenzollern a déclaré au maréchal Prim retirer, au nom de son fils, la candidature de celui-ci au trône d'Espagne. Il donnait comme motif « les complications que cette candidature paraissait rencontrer et la situation pénible que les derniers événements avaient créée au peuple espagnol en le mettant dans une alternative où il ne saurait prendre conseil que de son indépendance ». Le prince Léopold faisait, de son côté, insérer dans le *Mercure de Souabe* qu'il renonçait à sa candidature parce qu'il « était fermement résolu à ne pas laisser sortir une question de guerre d'une affaire de famille, secondaire à ses yeux ». M. Welschinger écrit : « Toute l'Europe eut connaissance de cette nouvelle si importante qu'Olozaga avait aussitôt transmise à Napoléon III. C'est ce qu'avait voulu Guillaume lui-même. Il n'entendait donner son acquiescement à la renonciation spontanée du prince que lorsque celui-ci l'aurait fait connaître officiellement. Pour assurer la paix, il suffirait donc de prendre acte de cette renonciation. On savait par Benedetti que le roi avait promis d'y acquiescer et que M. de Werther venait à Paris en apporter l'affirmation certaine. »

Par cette renonciation, la paix semblait si assurée que Bismarck, de colère, envoyait au roi sa démission. Pendant ce temps, Emile Ollivier, tout joyeux, arrivait à la Chambre, la dépêche en main, s'écriant : « Nous tenons la paix ! »

Mais le parlementarisme, si cher à Emile Ollivier, allait de nouveau faire son œuvre. « Le parti bonapartiste qui voulait la guerre, parce qu'il espérait la victoire et, avec elle, la disparition du parti libéral, se moqua « de la dépêche du père Antoine » qu'on lui communiquait sans plus de cérémonie. L'impératrice, à qui l'on porta la dépêche à Saint-Cloud, la lut avec colère et, devant le général Bourbaki, s'écria : « C'est une honte ! L'empire va tomber en quenouille ! » Les députés de la majorité blâmaient hautement la crédulité, la faiblesse, la lâcheté des ministres. Les journalistes s'en mêlaient et n'avaient pas assez de quolibets pour railler des gens aussi naïfs... Les amis empressés du cabinet lui montraient l'extrême-droite toute prête à profiter de ses hésitations pour le renverser. S'il disparaissait, son œuvre constitutionnelle toute récente n'allait-elle pas sombrer avec lui ? Au moment de la première Révolution, les Girondins avaient fait la guerre pour échapper à des difficultés intérieures. Le ministère du 2 janvier devait les imiter. Prêtant une oreille effrayée à ceux qui formaient pour lui l'opinion publique, il voulut, non pas seulement les satisfaire, mais les devancer. Ils avaient poussé le cri de guerre; lui le répéta, et pour prouver qu'il sentait mieux que tout autre les offenses faites à l'honneur national, il déclara, le premier, cette guerre dont il n'avait pas voulu. » (Welschinger.)

Une interpellation est déposée par un député, Clément Duvernois, qui était animé de rancune contre le ministère, depuis qu'il avait dû en faire partie et en avait été écarté au dernier moment. Cette interpellaltion était ainsi libellée :

« Nous demandons à interpeller le cabinet sur les garanties qu'il a stipulées ou qu'il compte stipuler pour éviter un retour de complications avec la Prusse. » C'était une belle manœuvre parlementaire pour embarrasser le ministère.

Pour pouvoir répondre victorieusement à cette interpellation, le ministère Ollivier rouvre l'affaire qu'il était en mesure de clore à notre satisfaction et nous jette dans la guerre. Comme dit M. de La Gorce, « voici maintenant la seconde phase, celle où les intempestives exigences de la France rendent à la Prusse les avantages qu'elle a perdus ». Et il ajoute : « Ceux qui gouvernent la France ont stupéfié le monde par deux grandes témérités : celle qui a dicté la Déclaration du 6 juillet ; celle qui, six jours plus tard, a prolongé par la demande de garanties un conflit virtuellement terminé. » Dans son ouvrage, *la France et la Prusse avant la guerre*, le duc de Gramont, pour s'excuser, déclare que « l'agitation publique, le sentiment des Chambres rendaient nécessaire une politique accentuée ». Admettons. Mais alors nous dirons : malheur au pays où, dans une affaire aussi délicate à traiter et d'où la guerre peut sortir, le gouvernement est obligé de se laisser guider par les bruits de la rue et les intrigues parlementaires !

Le jour même du dépôt de l'interpellation Duvernois, le duc de Gramont a une entrevue avec le ministre de Prusse à Paris, le baron de Werther. Il lui déclare que le gouvernement français ne peut être satisfait par le simple désistement du prince Léopold. Il finit par proposer au baron de Werther un projet de lettre que le roi de Prusse écrirait à Napoléon III. Il lui remet même une note dont le roi aurait à s'inspirer, et que voici : « En autorisant le prince Léopold à accepter la couronne d'Espagne, le roi ne croyait pas porter atteinte aux intérêts ni à la dignité de la nation française. Sa Majesté s'associe à la renonciation du prince de Hohenzollern et exprime son désir que toute cause de mésintelligence disparaisse désormais entre son gouvernement et celui de l'empereur. »

Emile Ollivier, qui survint à ce moment, soutint le duc de Gramont, et approuva le projet de lettre.

Lorsqu'il reçut, le lendemain, cette note

qu'on lui dictait, Guillaume s'écria : « A-t-on jamais vu pareille insolence ? Il faut que je paraisse devant le monde comme un pécheur repentant ! » (*Lettre du 13 juillet à la reine Augusta.*) M. Welschinger, qui cite des extraits de cette lettre, ajoute : « Ce monarque, qui avait de la dignité royale le sentiment le plus élevé, qui tenait plus que tous les autres souverains de l'Europe à la moindre de ses prérogatives, ne pouvait admettre « des procédés inexplicables » et s'étonnait que l'empereur des Français se laissât déborder par ceux qu'il appelait « des faiseurs inexpérimentés ».

« Certes, ajoute M. Welschinger, il ne faut pas chercher dans la demande faite par les deux ministres à l'ambassadeur de Prusse « une machination insolente et provocatrice », mais il faut y voir ce qu'elle était réellement : un expédient maladroit et périlleux au premier chef, formulé ou plutôt bâclé avec une rapidité telle que nul n'en pesa alors la redoutable gravité. »

Ce même 12 juillet, à la suite de son entrevue avec le baron de Werther, le duc de Gramont se rend auprès de Napoléon III. « L'empereur qui, au premier moment, avait reconnu aux Tuileries, devant M. Émile Ollivier lui-même, que le désistement du prince enlevait tout prétexte de guerre, se laisse impressionner par l'idée que les Chambres et la Cour qualifiaient de « honte » l'acceptation du désistement. » (Welschinger.) Il se concerte donc avec son ministre des Affaires étrangères, et à la suite de ce conciliabule, le duc de Gramont envoie le soir même à Benedetti une dépêche *le chargeant d'obtenir de Guillaume l'assurance qu'il n'autoriserait plus jamais la candidature du prince Léopold.*

Cette dépêche et la note remises à Werther, voilà ce qui allait permettre à Bismarck de nous acculer à la guerre. Devant les nouvelles exigences du gouvernement français, le roi de Prusse refuse de recevoir une seconde fois Benedetti. L'incident est télégraphié à Bismarck et le roi s'en remet à lui pour savoir s'il faut en faire communication aux ambassadeurs de Prusse et à la presse. Bismarck fait cette communication sous une forme insolente pour la France. C'est le coup de la dépêche d'Ems. Le ministère français décide la guerre dans sa séance du 14 juillet. Parlant de cette séance, Albert Sorel écrit : « Il ne serait point judicieux de chercher en ces délibérations agitées l'action occulte d'une politique personnelle ; il faut considérer au contraire que le pouvoir était aux mains d'esprits incertains et de politiques médiocres infatués de leur génie, que le jugement de ces hommes était faussé, que l'éducation critique, l'habitude de comparer les faits manquaient à tout ce monde, que le souci de sa gloire propre se colorait pour chacun des apparences du devoir, que, sous l'action d'un enthousiasme romanesque, la témérité passait pour courage et l'emportement pour patriotisme. Les ministres dirigeants croyaient à leurs collègues comme ils croyaient à eux-mêmes ; le duc de Gramont tenait le maréchal

Lebœuf pour un grand homme de guerre ; le maréchal Lebœuf tenait le duc de Gramont pour un grand diplomate ; l'empereur rêvait, et le Conseil, respectueux du secret diplomatique et des mystères de la stratégie, aurait cru faire injure à ces grands hommes d'État en demandant à l'un de visiter ses arsenaux, à l'autre d'examiner ses traités. »

Or, les traités allaient se révéler inexistants et les préparatifs militaires plus qu'insuffisants.

CHAPITRE XII

ÉMILE OLLIVIER EN FACE DE LUI-MÊME

J'ai exposé les lourdes fautes du ministère Ollivier dans les négociations avec la Prusse. Voyons maintenant la défense que présente Emile Ollivier.

Cette défense est résumée dans un livre intitulé *Philosophie d'une guerre*, 1870, livre qui n'est composé, si je ne me trompe, que de morceaux détachés de l'*Empire libéral*. Dans ce livre, d'ailleurs, aucune « philosophie ». Une diatribe contre tous. Les fautes commises sont à la charge de l'Empereur, de l'Impératrice, de la Cour, du duc de Gramont,de la droite de la Chambre, de l'opposition, des généraux, etc. Lui seul, Emile Ollivier, est innocent. Que dis-je? Il s'admire.

Il sait bien comment on ne peut pas ne pas juger son attitude : — Vous avez eu surtout en vue de conserver votre portefeuille, et, pour cela, au lieu de gouverner, j'entends de guider, d'imposer une direction, vous vous êtes laissé mener par l'opinion... Cela ressort de tous les faits. Pour tâcher de détourner la pensée du lecteur d'une telle explication, Emile Ollivier commence par poser en principe qu'il a été solide comme un roc. Il n'a écouté les cris, ni de la rue, ni de la Chambre, ni de la presse, ni de la Cour. Il ne s'est laissé conduire que par l'intérêt de son pays! « Dans le cours de cette crise, écrit-il, je vais traverser bien des angoisses, éprouver bien des tortures morales, être obligé souvent de prendre des décisions rapides ; à aucun moment, je ne perdrai la possession de moi-même ; j'agirai comme si j'avais à résoudre un problème de géométrie ou d'algèbre, inaccessible aux influences, soit de la presse, soit de l'Empereur ou de l'Impératrice, soit de mes amis ou de mes ennemis, n'ayant aucun souci de ce qu'on dira ou de ce qu'on ne dira pas, suivant ma propre initiative, ne me déterminant que par des considérations tirées du devoir envers ma patrie et l'humanité [1]. »

Audacieuse affirmation, mais qui est contredite par bien des aveux qui échappent à l'auteur au cours du livre. « Ce qui rendait nos délibérations plus difficiles, c'est que les murs de nos ministères étaient assaillis par une tempête d'indignation qui nous demandait des résolutions extrêmes [2]. » « Nous priâmes Gramont d'écrire et de télégraphier à Benedetti que nous étions *de plus en plus débordés par l'opinion publique*, que nous comptions les heures et qu'il fallait absolument insister pour obtenir une réponse du Roi, qu'il la fallait pour le lendemain [3]. » Par-

1. *Philosophie d'une guerre*, 1870, p. 39.
2. *Id.*, p. 47.
3. *Id.*, p. 128.

lant du même Benedetti, Emile Ollivier avoue encore : « *Harcelés par l'opinion* et par nos propres inquiétudes, nous l'avions éperonné, pressé d'être énergique [1]. »

Voyons maintenant les dépêches envoyées à Benedetti ; elles émanent du duc de Gramont, mais elles sont l'expression de la pensée de tout le gouvernement : 7 juillet : « ... Je joins ici... 5° La déclaration que, *pressés par le sentimenl public*, nous avons cru devoir porter à la tribune du « Corps législatif ». — 10 juillet : « Je vous le dis nettement, *l'opinion publique* s'enflamme et va nous devancer. » — 11 juillet : « Vous ne pouvez vous imaginer à quel point *l'opinion publique* est exaltée. Elle nous *déborde* de tous côtés, et nous comptons les heures. Il faut absolument insister pour obtenir une réponse du Roi. Il nous la faut pour demain, après-demain serait trop tard [2]. »

1. *Philosophie d'une guerre*, 1870, p. 141.
2. Voir *Ma Mission en Prusse*, par Benedetti.

Sur les indications de son gouvernement, voilà donc les arguments que Benedetti fait valoir devant le roi de Prusse. 11 juillet : « ... J'ai combattu cette manière de voir en *représentant au Roi nos nécessités intérieures.* Je lui ai parlé de la défiance et de l'irritation des esprits en France, de l'obligation où nous sommes de donner publiquement des explications attendues avec impatience, des dangers nouveaux que créait chaque heure de retard. »

11 juillet : « Pour déterminer Sa Majesté à accueillir favorablement le vœu que je lui exprimais, je ne lui ai caché ni les défiances, ni l'irritation du sentiment public en France ; je lui ai fait part de l'impatience du Sénat et du Corps législatif, et de l'*obligation où se trouvait le gouvernement de l'Empereur d'y satisfaire ;* des périls de cet état de choses, et des dangers nouveaux que créait chaque jour de retard. » Quel danger ? Le renversement du ministère Ollivier sans doute. Est-ce que Emile Ollivier pense que le maintien

d'Emile Ollivier au pouvoir importait au roi de Prusse ? Mais oui, il le pense. Écoutez son entretien du 12 juillet avec le baron de Werther, ambassadeur de Prusse en France. Il lui déclare : « L'œuvre d'apaisement à laquelle je travaillais péniblement est compromise : au lieu d'une *opinion publique* résignée, nous allons être aux prises avec une *opinion* irritée... Déjà on nous trouve trop accommodants, et le parti de la guerre se met en mesure de nous ôter la direction des affaires... Le roi Guillaume rendrait à nos deux pays et au monde entier un service incomparable si, par la spontanéité d'une démarche amicale, il rétablissait la cordialité des rapports qu'il a lui-même troublés. *En fortifiant notre position ministérielle*, il nous donnerait le moyen de poursuivre notre œuvre pacifique [1]. »

Ainsi, en voilà bien l'aveu, c'est pour « fortifier » la « position » du ministère Ollivier

1. *Philosophie d'une guerre*, p. 178.

que, dans ce même entretien, est remise à Werther cette note ou projet de lettre du ro de Prusse à l'empereur, cette note dont j'ai parlé, qui rouvre l'affaire Hohenzollern et nous jette dans la guerre.

Pourquoi cette note ? Pour pouvoir répondre, on s'en souvient, à deux interpellations déposées par Clément Duvernois et Jérôme David sur les « garanties que le gouvernement compte stipuler pour éviter un retour « de complications avec la Prusse ». Ces interpellations visent évidemment à renverser le ministère, dans le cas où le ministre déclarerait qu'il considère l'affaire Hohenzollern comme close, avec le retrait de la candidature du prince Léopold. A cause de ces interpellations, et dans la crainte de se voir renverser, Emile Ollivier se met donc en mesure de pouvoir répondre que les négociations continuent avec la Prusse. Mais continuer les négociations alors qu'on pouvait les terminer à notre satisfaction, c'est une voie pleine d'embûches. Aussi Emile

Ollivier qualifie-t-il Clément Duvernois et Jérôme David, qui l'ont entraîné à une telle attitude, de « deux malfaiteurs »[1]. Mais il se trouve toujours dans toute Chambre un adversaire pour interpeller le ministère, quand cela peut jeter le ministère dans l'embarras.

A défaut de Duvernois et de David, il y aurait donc eu fatalement un troisième interpellateur. Alors ? Alors, c'est bien plutôt le régime parlementaire lui-même qu'il faut qualifier de « malfaiteur ». Mais voilà ce que Emile Ollivier ne s'est jamais résolu à avouer. Il était un des artisans de ce régime. Le renier eût été faire un *mea culpa*. Or, Emile Ollivier n'a jamais consenti à aucun *mea culpa*. Écoutez cet éloge de toute son attitude pendant ces journées fatales : « Sans être mû par un sot orgueil, mais par le sentiment d'une légitime fierté, qui se redresse sous l'injustice et sous l'outrage, je me sens autorisé à dire qu'en cette crise, ce cabinet

1. *Philosophie d'une guerre*, 1870, p. 158.

a fait preuve d'une capacité supérieure, à la fois résolue et modérée, souple et ferme, ressentant l'émotion publique, mais sans s'y abandonner, et sachant parer aux accidents imprévus avec une rapidité réfléchie. »

Ce perpétuel éloge de soi-même, cet entêtement à ne pas vouloir assumer ses fautes, voilà ce qui rend particulièrement insupportable toute la défense d'Emile Ollivier.

CHAPITRE XIII

EMILE OLLIVIER ET LA DEMANDE DE GARANTIES

Ainsi donc, Emile Ollivier n'a jamais consenti à se reconnaître coupable d'aucune faute. Pourtant, il ne voulait pas la guerre et il y a été acculé. Comment cela se peut-il faire ? Voici l'explication.

Faisant l'éloge de son ministère, Emile Ollivier déclare : « Et c'est précisément son habileté qui amena la catastrophe finale [1]. » Mais Emile Ollivier devait bien penser qu'un tel argument est plutôt propre à faire rire le lecteur qu'à le convaincre. Alors il en pré-

1. *Philosophie d'une guerre,* 1870, p. 327.

sente un autre. « Oui, avoue-t-il en substance, il y eut une faute, et une grosse faute. commise. » — Ah ! enfin. Attendez. — « Mais cette faute je n'y suis pour rien. Cette faute, c'est la dépêche envoyée, le 13 juillet, par Gramont à Benedetti, lui enjoignant d'obtenir du roi la *garantie pour l'avenir* qu'il *ne permettra pas au prince Léopold de revenir* sur sa renonciation. »

Nous avons déjà dit combien cette demande de garanties était dangereuse. Elle rouvrait une affaire que nous avions intérêt à clore, et elle la rouvrait à seule fin de pouvoir déjouer des intrigues parlementaires. A tout autre point de vue elle était inutile. Devait-on, en effet, prévoir que la candidature Hohenzollern serait à nouveau posée ? Après les complications qu'elle avait menacé d'entraîner, ce n'était guère probable. Ou alors il fallait supposer que le roi de Prusse voulait à toute force la guerre, ce qui n'était pas. Dans son rapport du 13 juillet, Benedetti écrit : « Sa Majesté a soutenu... qu'elle n'avait assurément aucun dessein caché, et *que cette affaire lui avait donné de trop graves préoccupations pour ne pas désirer qu'elle fût irrévocablement écartée ;* qu'il lui était toutefois impossible d'aller aussi loin que nous le lui demandions [1]. »

En admettant, d'ailleurs, que la candidature Hohenzollern eût été de nouveau posée après avoir été retirée, l'affaire se fût présentée alors dans de bien meilleures conditions pour nous. Il aurait été évident pour tous que la Prusse nous cherchait querelle. Or, pour être certain d'entraîner avec lui les Etats du Sud, Bismarck avait besoin que ce fût nous qui paraissions les agresseurs.

Quoi qu'il en soit, dans cette demande de garanties, Emile Ollivier reconnaît une lourde faute. Il la déclare « défendable en pure logique, mais injustifiable dans les circonstances de fait où elle s'était produite » [2]. Il va jus-

1. *Ma Mission en Prusse.*
2. *Philosophie d'une guerre*, p. 295.

qu'à écrire : « La demande de garantie ne pouvait être interprétée que comme une volonté d'amener la guerre [1]. »

Comment s'expliquer un tel aveu? Eh! c'est que, comme je l'ai dit, Emile Ollivier peut ajouter : « Cette demande, je n'y suis pour rien. » La dépêche relative à cette demande, envoyée à Benedetti, avait été, en effet, concertée entre l'Empereur et le duc de Gramont. Emile Ollivier ne l'a connue qu'après qu'elle eut été expédiée. « Je n'avais l'option, écrit-il, qu'entre deux partis : ou protester par ma démission, ou m'ingénier à annuler les conséquences de ce fait que je ne pouvais plus empêcher [2]. » Comme de raison, ce n'est pas le premier parti que Emile Ollivier choisit. En restant, il s'associe donc à la mesure qui a été prise. Il va chercher, il est vrai, à l'atténuer, déclare-t-il. Il dicte donc une nouvelle dépêche. Nous y lisons :

1. *Philosophie d'une guerre*, 1870, p. 189.
2. *Id.*, p. 198.

« Il est indispensable que le Roi veuille bien nous dire qu'il ne permettra pas au prince de revenir sur la renonciation communiquée par le prince Antoine. » Y a-t-il une si grande différence entre la première et la seconde demande ? Il serait oiseux de le discuter, puisque le télégramme que le duc de Gramont envoya, en s'inspirant de la note d'Emile Ollivier, n'a eu aucune action sur les événements. Il arriva trop tard. Benedetti avait déjà présenté la « demande de garanties », et ce devait être sa dernière audience.

Mais examinons l'excuse que présente Emile Ollivier : « On a rouvert l'affaire Hohenzollern, et je n'y suis pour rien. »

Cette fameuse dépêche, ce n'est pas lui qui l'a expédiée. Soit ! Mais avant cette dépêche il y avait eu une entrevue entre le baron de Werther, ambassadeur de Prusse, Emile Ollivier et le duc de Gramont. Les ministres français avaient, on s'en souvient, remis à Werther une note formant projet de lettre que le roi de Prusse devait écrire à l'Empereur, Emile Ollivier se plaint qu'on ait rouvert l'affaire. Cette note l'avait déjà rouverte, et ceci interdit à Emile Ollivier de se dégager, comme il le fait, de la demande de garanties.

Et pourquoi cette note? Dans son rapport, Werther écrit : « Les deux ministres, en faisant ressortir qu'ils avaient besoin d'un arrangement de ce genre pour calmer l'émotion des esprits, *eu égard à leur situation ministérielle...* » L'empereur fait envoyer par Gramont la fameuse dépêche, parce qu'il apprend que la Chambre est très montée, et qualifie de « honte » le simple acquiescement à la renonciation. Emile Ollivier, de concert avec Gramont, réclame une lettre du roi de Prusse, « *eu égard à leur situation ministérielle* ». Tout cela est de la même étoffe. C'est du parlementarisme, c'est-à-dire des combinaisons où l'intérêt de la France tient peu de place.

Ces deux combinaisons, note et dépêche, rouvrent donc l'affaire. Mais laquelle de ces combinaisons devait être la plus sensible au roi de Prusse ? Sans conteste, la première, celle à laquelle Emile Ollivier a pris part. Le 13 juillet, à dix heures du matin, Benedetti rencontre Guillaume à la promenade, et lui présente la seconde combinaison, la demande de garanties. Le roi refuse d'y souscrire, mais l'entretien reste courtois. Guillaume déclare à notre ambassadeur qu'il n'a pas encore reçu officiellement le désistement du prince Léopold, qu'il lui en fera lui-même part dès qu'il l'aura en main.

Or, dans la journée, c'est par son aide-de-camp qu'il fait transmettre à notre ambassadeur l'annonce de ce désistement. Benedetti s'étonne et réclame une nouvelle audience. Elle lui est refusée.

Que s'était-il donc passé pour changer ainsi l'humeur du roi ? L'arrivée entre temps du rapport de Werther, avec la note remise par Emile Ollivier et Gramont. J'ai déjà dit la colère du roi en lisant ce rapport. « Il est fâcheux, écrivait Guillaume à la reine Augusta, que Werther n'ait pas immédiatement, sur une pareille exigence, quitté la place et renvoyé ses interlocuteurs au ministre Bismarck [1]. » Quant à lui, c'est ce qu'il va faire.

Dans la dépêche envoyée à Bismarck, il n'est parlé, il est vrai, que de la demande de garanties. Mais il est naturel que le roi ait passé sous silence le rapport de Werther, dès lors qu'il considérait que ce rapport enfermait une proposition offensant sa dignité. Officiellement, il s'en est tenu à ses pourparlers avec notre ambassadeur. Mais dans son privé — la lettre qu'il écrit ce jour même à la reine le montre bien — ce qui l'a irrité, ce qui l'a, par conséquent, plus que probablement porté à refuser une nouvelle audience à Benedetti, — ce refus que Bismarck va exploiter, — c'est la proposition Ollivier-Gramont. Replaçons donc sur les épaules d'Emile Ollivier ce fardeau qu'il cherche à passer aux autres.

1. Cité par M. Welschinger, dans *La guerre de 1870, causes et responsabilités.*

Emile Ollivier déclare que l'empereur en négligeant de le consulter avant de faire envoyer par Gramont la demande de garanties a commis « un acte de pouvoir personnel ». De là tout le mal. « De cette renaissance du pouvoir personnel » il se déclare « profondément blessé ». Eh bien ! et cette note, si grave dans ses conséquences, qu'Emile Ollivier rédige de concert avec Gramont et qu'il remet à Werther sans consulter l'empereur. Comment faut-il qualifier cet acte ? Mais peut-être Emile Ollivier se prend-il pour l'empereur, et prend-il l'empereur pour un soliveau. C'est assez dans le goût des ministres partisans d'une monarchie constitutionnelle.

Cependant Emile Ollivier voit bien qu'on peut facilement lui renvoyer la balle, comme je le fais ici. Alors il a un argument admirable. Tant que Gramont est seul avec Werther, l'entretien est officiel. Dès que lui, Ollivier, arrive, c'est une autre affaire. « L'entretien changea de nature. Il cessa d'être officiel, comme il l'avait été jusque là, et devint une de ces conversations libres que les hommes politiques ont entre eux, quand ils sont en dehors de leur rôle officiel et dans lesquelles on échange ses idées, sans s'engager soi-même, à plus forte raison son gouvernement[1]. »

Mais qu'est-ce qui prévient l'ambassadeur de Prusse de ce changement de caractère de l'entretien ? Rien et personne. La simple affirmation d'Emile Ollivier, longtemps après, lorsqu'il s'aperçoit des conséquences de cet entretien, et qu'il cherche alors à dégager sa responsabilité. Ce n'est guère suffisant. Aussi Werther a-t-il pris cet entretien comme un entretien « officiel ». Il est excusable de n'avoir pas su ce que Emile Ollivier raconterait plusieurs années après. Pour ce fait cependant, Emile Ollivier qualifie Werther d'esprit « borné », et décide qu'il n'a pas à prendre son rapport « en considération ».

1. *Philosophie d'une guerre*, p. 177.

C'est extraordinaire ce qu'il faut supposer de gens en faute pour excuser Emile Ollivier.

*
* *

On l'a vu, les deux acteurs principaux dans ces négociations ont été Emile Ollivier et le duc de Gramont. Je ferai cette distinction entre ces deux ministres. Emile Ollivier nous a acculés à la guerre, alors qu'il était profondément pacifiste. Il nous y a acculés sans le vouloir — par étourderie, par légèreté — en se livrant à des manœuvres qui n'avaient pour but que de défendre sa situation ministérielle. Le duc de Gramont, lui, avait une visée plus haute. Il tenait à infliger un échec diplomatique à la Prusse. Il était de ceux qui, à juste titre d'ailleurs, ne pouvaient se consoler de Sadowa. Il lui fallait une revanche.

Parfait, dirons-nous. Mais ceux qui nous jetaient dans une telle aventure devaient auparavant s'enquérir avec soin des forces respectives de la France et de l'Allemagne. Le duc de Gramont le reconnaît. Et il déclare que s'il avait eu « un seul doute sur notre aptitude à la guerre », « rien dans le monde entier » ne l'eût fait « souscrire à une rupture avec la Prusse » [1].

Mais j'ai montré précédemment que notre attaché militaire à Berlin, le colonel Stoffel, nous avait à maintes reprises averti de notre infériorité. Que fallait-il donc pour éveiller le doute de M. de Gramont ?

Quant à Emile Ollivier, je le répète, il était profondément pacifiste. Pourquoi aurait-il fait la guerre ? L'unité de l'Allemagne, il y applaudissait, puisqu'elle s'accordait avec le principe des nationalités. Il déclare qu'un tel principe « commandait de ne pas s'opposer à la transformation intérieure de l'Allemagne, dût-elle aboutir à compléter, par l'Unité politique, l'Unité militaire déjà constituée » [2]. Cette unité, Emile Ollivier y a

1. *La France et la Prusse avant la guerre*, p. 321.
2. *Philosophie d'une guerre*, p. 10.

travaillé, mais autrement qu'il ne le prévoyait : par la défaite de notre pays.

Emile Ollivier se repent-il, du moins, comme le fait le duc de Gramont, de s'être illusionné sur les forces de la France ? Non, jusqu'au bout il se raidit dans le même orgueil. Non, il ne s'est pas trompé ! Il ne s'est jamais trompé, pas plus sur ce point que sur les autres. Il affirme donc « que nous étions suffisamment prêts pour vaincre » [1]. Le désastre, selon lui, est dû uniquement aux chefs militaires. C'est que s'il en était autrement il lui faudrait reconnaître qu'il a eu tort en s'opposant, en 1867, à la loi de réorganisation de l'armée et en déclarant que « les armées de la France » étaient « trop nombreuses ».

L'eût-on mis sur le gril, on ne lui eût pas fait faire le plus petit *mea culpa*.

1. *Philosophie d'une guerre*, p. 337.

CHAPITRE XIV

UN EXEMPLE DE TRAVAIL PARLEMENTAIRE

(*15 juillet 1870*)

On vient de voir de quelle légèreté, — pour employer le mot le plus indulgent, — le ministère Ollivier a fait preuve dans les journées fatales de juillet 1870. Voyons maintenant comment, à son tour, le Parlement a travaillé, le jour où a été posée devant lui la question grave entre toutes de guerre ou de paix.

C'est dans les conseils des ministres du 14 juillet au soir et du 15 au matin que la guerre est décidée. La résolution en est portée devant la Chambre, le 15 après-midi, par une déclaration que lit Emile Ollivier [1]. A la suite de cette déclaration, Thiers prononce

1. Voir le *Journal officiel* du 16 juillet 1870.

un discours dans lequel il s'oppose à la guerre. C'est en répondant à Thiers qu'Emile Ollivier lance son mot fameux : « De ce jour commence, pour les ministres, mes collègues et pour moi, une grande responsabilité. Nous l'acceptons *le cœur léger !* »

Divers projets de lois militaires sont soumis à la Chambre ainsi qu'une demande de crédits. Accepter ou rejeter les crédits, déclare Emile Ollivier, c'était une manière pour le Parlement de se prononcer pour ou contre la guerre. « La guerre, écrit-il, avait été jusque-là un usage du pouvoir personnel ; nous voulûmes qu'elle fût cette fois un acte libre des représentants de la Nation[1]. » Il n'ajoute pas que c'est un progrès et que ce progrès c'est à lui qu'on le doit. Mais c'est dans sa pensée. Considérons le progrès.

Une commission est nommée pour examiner les projets de lois et les crédits proposés. Elle se réunit immédiatement. Elle a reçu

1. *Philosophie d'une guerre*, p. 282.

mandat d'exiger la production de toutes les pièces de l'affaire. Le duc de Gramont se présente devant elle avec son dossier.

Thiers, dans son discours, avait posé en substance cette question : « Est-il vrai, oui ou non, que sur le fond, c'est-à-dire sur la candidature du prince de Hohenzollern, votre réclamation a été écoutée, et qu'il y a été fait droit ? » C'est en somme la même question, sons une autre forme, que la commission pose au duc de Gramont en lui demandant : « Les prétentions du gouvernement français ont-elles été les mêmes depuis le premier jour jusqu'au dernier ?... Nous considérons ce point comme très important », ajoute le président de la commission. Le duc de Gramont répond par l'affirmative, et, dans son livre : *La France et la Prusse avant la guerre*, il continue à dire oui. Oui, affirme-t-il, nous avons eu du premier jour au dernier « le même but », obtenir une « participation directe et explicite du roi dans la renonciation du prince ». C'est jouer sur les mots, pour se tirer d'un mauvais pas. La dépêche du 12 juillet, qui a mis le feu aux poudres, réclamait du roi de Prusse « l'assurance qu'il n'autoriserait pas de nouveau » la candidature du prince Léopold. C'était une exigence *nouvelle* et c'est cette exigence nouvelle que le roi a rejetée.

Mais, la commission a sous les yeux toutes les dépêches envoyées à Benedetti ; elle va s'apercevoir, penserez-vous, que jusqu'au 12 il n'est fait aucune mention de cette « question des garanties », et qu'ainsi donc « les prétentions du gouvernement français » n'ont nullement été « les mêmes depuis le premier jour jusqu'au dernier ». Eh bien ! non. La commission ne s'en aperçoit aucunement. Comment cela se fait-il ? C'est qu'elle prend la dépêche du 12, celle de la « demande de garanties » pour la première dépêche envoyée à Benedetti. Comment cela est-il possible ? Je ne me charge pas de l'expliquer. N'ayant jamais fait partie d'un Parlement, je ne sais pas comment on y travaille, je ne fais que m'en douter.

Emile Ollivier déclare : « Gramont dépose toutes les pièces que j'avais annoncées. Elles étaient très soigneusement classées par numéros d'ordre, c'est-à-dire chronologiquement, parce que cet ordre était fixé par les dates inscrites en tête de chacune des dépêches [1]. » C'est insinuer : si la commission s'est trompée, il n'y a aucune faute de notre part.

Le duc de Gramont écrit : « Cette erreur s'explique, en réalité, par la rapidité inusitée avec laquelle il fallut, en quelques instants, se réunir, procéder à l'audition des ministres, délibérer et rédiger le rapport sur la délibération et la conclusion. Cependant, au lieu de lui attribuer cette cause bien naturelle, on a préféré accuser le gouvernement d'avoir voulu tromper la commission [2]. »

D'ailleurs, ajoute le duc de Gramont, comment aurions-nous pu tromper la commis-

1. *Philosophie d'une guerre*, p. 298.

2. *La France et la Prusse avant la guerre*, p. 270.

sion sur la date de cette dépêche, puisque cette dépêche commence ainsi : « Nous avons reçu des mains de l'ambassadeur d'Espagne la renonciation du prince Antoine, au nom de son fils Léopold... » Or, tout le monde savait bien que cette renonciation nous était parvenue le 12 juillet. Impossible donc de croire que la dépêche en question était antérieure à cette date.

Et pourtant, le fait est là : la commission l'a cru !

Voici, en effet, son rapport ou plutôt le passage relatif à cette question : « Nous savions répondre au vœu de la Chambre en nous enquérant avec soin de tous les incidents diplomatiques. Nous avons la satisfaction de vous dire, messieurs, que le gouvernement, dès le début de l'incident et depuis la première phase des négociations jusqu'à la dernière, a poursuivi loyalement le même but. Ainsi, la *première* dépêche, adressée à notre ambassadeur, arrivé à Ems, pour entretenir le roi de Prusse, se termine par cette phrase qui indique que le gouvernement a nettement formulé sa légitime prétention :

« Pour que cette renonciation, écrivait M. le duc de Gramont à M. Benedetti, produise son effet, il est nécessaire que le roi de Prusse s'y associe et nous donne l'assurance qu'il n'autorisera pas de nouveau cette candidature. Veuillez vous rendre immédiatement auprès du roi pour lui demander cette déclaration. »

« Ainsi, ce qui est resté le point litigieux de ce grand débat a été posé, dès *la première heure*, et vous ne méconnaîtrez pas l'importance capitale de ce fait resté ignoré, il faut bien le dire, de l'opinion publique. »

Voilà donc bien la dépêche des « garanties » qui était réellement la onzième dépêche envoyée à Benedetti, présentée comme la première. Encore une fois, je ne me charge pas d'expliquer la chose. Ou je ne trouve que cette explication : c'est que sortant d'une séance de la Chambre mouvementée et fiévreuse, les membres de la commission n'étaient pas dans l'état d'esprit voulu pour lire exactement les pièces qui leur étaient soumises.

Comment, en entendant le rapport, le duc de Gramont n'a-t-il pas relevé l'erreur ? Il écrit : « Lorsque j'arrivai, dans la séance de nuit du 15 juillet, au Corps législatif, le rapport de la commission avait déjà été lu à la Chambre, et je n'en eus connaissance que le lendemain par le *Journal officiel*[1]. » Mais, d'autre part, le marquis de Talhouët, rapporteur de la commission des crédits, a déclaré devant la commission d'enquête : « Je suis arrivé au Corps législatif et j'ai lu le rapport à la tribune. M. le duc de Gramont était en face de moi. Il a parfaitement entendu les termes du rapport qui était l'énonciation des déclarations faites dans le sein de la commission. Si nous avions mal compris, c'était à M. le duc de Gramont à rectifier notre interprétation. »

Sur la présence du duc de Gramont à la

1. *La France et la Prusse avant la guerre*, p. 275.

Chambre au moment de la lecture du rapport, il y en a donc évidemment un des deux qui se trompe.

M. de Talhouët ajoute : « Si nous nous étions trompés, le ministre devait nous le faire observer. Il vient, dix-huit mois après, déclarer que nous avons commis une erreur. Évidemment, il pense que nous nous sommes trompés et il le dit de bonne foi, mais c'est à un autre moment qu'il aurait dû le dire. »

Le marquis de Talhouët est mort de chagrin, peu après la guerre, de cette erreur de classement de dépêches que contenait son rapport. Il avait un autre sentiment de ses responsabilités que Emile Ollivier. Je ne sais trop, d'ailleurs, si cette erreur a eu, au point de vue des événements ultérieurs, une importance capitale. La vérité connue aurait-elle suffi à ce moment-là à incliner la Chambre vers la paix ? C'est bien douteux. Et puis le ministère s'était tellement avancé, dès le début de la séance, par sa déclaration qui n'était rien moins qu'une déclaration de guerre, qu'on se demande comment on aurait pu revenir en arrière. Il aurait fallu dans la Chambre une volonté de paix très arrêtée, et elle n'existait pas, bien au contraire.

Mais, prise en elle-même, l'erreur de la commission est colossale. C'est un exemple frappant de ce qu'on peut attendre d'un Parlement, ou, si l'on veut, d'une commission parlementaire, même composée d'honnêtes gens, et même dans les circonstances les plus graves.

CHAPITRE XV

LA POLITIQUE ITALIENNE DU SECOND EMPIRE

Notre recherche des causes politiques du désastre de 70 ne serait pas complète si nous ne jetions un coup d'œil sur la politique extérieure du Second Empire. Que cette politique, qui a abouti à l'unification de l'Italie et de l'Allemagne, ait été désastreuse pour la France, nul ne le conteste plus. Mais il y a une question qui est encore controversée ; c'est la question romaine. Les uns, faisant remarquer que la Papauté n'a été dépossédée de Rome qu'au 20 septembre 1870, après la chute de l'Empire, déclarent que l'on doit de la reconnaissance, en tant que catholique, à Napoléon III, pour avoir défendu le pouvoir temporel du Pape. D'autres, prétendant qu'une telle politique a entraîné notre isolement en 1870 et, par suite, notre désastre, affirment qu'en tant que Français on doit reprocher à Napoléon III cette défense du pouvoir temporel.

Peut-on faire honneur à Napoléon III d'avoir conservé Rome au Pape ? Voilà ce que j'envisagerai d'abord. Doit-on, au contraire, lui en faire grief ? C'est ce que je discuterai ultérieurement.

Pour être reconnaissant à Napoléon III d'avoir conservé Rome au Pape, il faut avoir la vue bien courte. Car enfin, quel est le plus grand responsable de l'installation à Rome de la monarchie italienne ? Evidemment, celui qui, avec toutes les forces de la France, a aidé cette monarchie à se fonder, Napoléon III lui-même.

Que ce soit en 1831, où Louis Bonaparte prend part à la révolution contre le Pape, en compagnie de son frère aîné qui trouve la mort dans l'un des combats. Que ce soit en 1859 où, devenu empereur, il chasse les Autrichiens de la Lombardie. Que ce soit les années suivantes, où il laisse les Piémontais s'agrandir et déposséder notamment le Pape d'une partie de ses Etats. Que ce soit en 1866, où il patronne l'alliance italo-prussienne. Tout cela, c'est lá même politique. Par lâ constitution du royaume d'Italie, cette politique aboutit naturellement à la chute du pouvoir temporel. Peu importe donc que par crainte de l'opinion catholique ou par point d'honneur, Napoléon III n'ait pas osé aller jusqu'au bout, en livrant Rome aux armées du nouveau royaume. L'entrée de ces armées dans Rome fut le résultat fatal de toute la politique du Second Empire.

Cette politique, Napoléon III ne l'avait pas inventée. Il l'avait trouvée dans son berceau. C'est proprement la politique napoléonienne. Le prince Jérôme racontait qu'en 1814, des patriotes italiens s'étaient adressés à Napoléon, alors à l'île d'Elbe, et lui avaient demandé de se mettre à leur tête pour chasser l'Autrichien et reconstituer l'Italie. « L'offre parut aller au cœur de Napoléon », écrit Rothan [1], qui cite la réponse de l'empereur : « J'ai été grand sur le trône de France, par les armes, mais mon règne a plutôt été celui d'un conquérant. A Rome, ce sera une autre gloire, aussi éclatante que la première, mais plus durable, plus utile. Je ferai des peuples épars de l'Italie une seule nation. Je créerai des routes et des canaux, j'ouvrirai de vastes débouchés aux industries renaissantes ; je ferai de Naples, de Venise et de la Spezzia de grands chantiers, de Rome un port de mer. Dans vingt ans, l'Italie sera une des plus puissantes nations de l'Europe... »

« Ce n'était peut-être qu'un rêve », disait le prince Napoléon, en relatant ces paroles. « Mais ce rêve, remarque Rothan, projetait une lumière étrange sur les tendances intimes du grand empereur. Il semblait que Napoléon ne s'était servi de la France que pour assouvir ses passions de conquérant, que ses

1. *L'Allemagne et l'Italie*, par G. Rothan, tome II, p. 4.

secrètes préférences étaient pour l'Italie et que, si les événements l'eussent permis, il eût consacré tout son génie à lui rendre la splendeur de l'empire romain. N'était-il pas Italien d'origine ? L'ancienne France n'existait pas pour lui, il ne tenait compte ni des lois, ni des nécessités de son histoire. Les premiers élans de son cœur s'étaient reportés sur l'Italie ; les Français, à ses yeux, étaient alors des oppresseurs, il conspirait avec Paoli contre leur domination.

« Napoléon III, continue Rothan, s'était assimilé les idées napoléoniennes. Affilié, comme son oncle, aux sociétés secrètes, il avait, en 1831, dans ses années d'adolescence, conspiré contre le Pape et l'Autriche, poursuivi la résurrection de l'Italie. Arrivé au pouvoir, il fit des rêves de sa jeunesse le pivot de sa politique. Il obéissait à la logique de son système, en faisant, comme le chef de sa famille, litière du passé. Peu lui importaient les causes qui avaient présidé au développement de la monarchie française. Ses idées rétrospectives ne s'étendaient pas au delà de la révolution de 1789. Il voulait, en rupture avec nos vieilles traditions, opposer à la Sainte-Alliance l'union des races latines. L'unité de l'Italie devait être une protestation permanente, une démonstration vivante contre l'ancien droit. Il espérait affermir sa dynastie en établissant en Europe un droit nouveau, formulé en deux principes : *le suffrage universel et le droit des nationalités.* »

Or, ce sont ces deux principes qui ont été cause du désastre de la France. La crainte de l'élection fit reculer devant les préparatifs militaires nécessaires. Le droit des nationalités aboutit à la constitution de l'Italie et de l'Allemagne. Les conséquences des deux grands principes révolutionnaires et napoléoniens peuvent donc se résumer dans ce seul mot : Sedan.

Un des plus ardents défenseurs de ces principes et notamment d'une de leurs conséquences, *l'unité italienne*, fut le prince Napoléon. Il pouvait exprimer librement ce que l'Empereur, tenu par sa position à plus de réserve, pensait tout bas. « Le prince Napoléon, écrit Rothan [1], fidèle à la pensée qui avait présidé à son mariage, démontrait dans d'éloquents discours que l'unité de l'Italie, avec Rome pour capitale, assurerait la grandeur de la France. Il affirmait, sans se préoccuper de la divergence de leurs intérêts sur le littoral de la Méditerranée, que les deux peuples, soudés par la solidarité du suffrage universel et du principe des nationalités, resteraient à jamais unis. » Il est intéressant de relire, à ce propos, ses discours au Sénat du 1er mars 1861 et du 1er septembre 1869. En 1861, faisant allusion à la guerre de 1859, il déclare : « J'espère que le résultat de cette politique, qu'il ne m'appartient pas de prévoir, mais que je puis en grande partie juger par le passé, j'espère que la conséquence de cette politique sera la réalisation de l'unité italienne. » Ceux qui s'opposent à ce résultat, les zouaves pon-

1. *L'Allemagne et l'Italie*, tome II, p. 3.

tificaux, il prétend les flétrir du nom de « nouveau Coblentz romain ». En 1869, il chante victoire, il salue le but atteint : « L'émancipation d'un grand peuple, l'unité de l'Italie. »

Vers la même époque, Proudhon écrivait[1] : « L'Italie, avec une armée de trois cent mille hommes, amoindrit la France de toutes les façons. Nous sommes trop voisins de l'Italie, nous lui avons rendu de trop grands services pour qu'elle nous aime. L'ingratitude en politique est le premier des droits et des devoirs ; la coalition contre la France compte désormais un membre de plus. » Ceci était la condamnation de la politique extérieure du Second Empire, et cette condamnation, combien l'avenir devait en prouver la justesse.

J'ai cité des paroles du prince Napoléon. Peut-être objectera-t-on que le prince Napoléon était le révolutionnaire de la famille, et que sa politique n'était pas approuvée de l'empereur. Voyons donc la pensée de l'em-

1. En 1862, dans sa brochure sur « *La fédération et l'unité de l'Italie* ».

pereur. Elle est très nettement exprimée dans un document du 16 septembre 1866. C'est une circulaire du ministre de l'Intérieur, La Valette, chargé par intérim du portefeuille des affaires étrangères, circulaire adressée à nos agents diplomatiques. Non seulement elle est adressée au nom de l'empereur, mais il est établi que l'Empereur lui-même l'avait rédigée. Elle parle des changements survenus à la suite de Sadowa. Nous y lisons : « Les perplexités qui agitent les esprits et qui ont leur retentissement à l'étranger imposent au gouvernement l'obligation de dire nettement sa manière de voir... La Prusse agrandie, libre désormais de toute solidarité, assure désormais l'indépendance de l'Allemagne. La France n'en doit prendre aucun ombrage. Fière de son admirable unité, de sa nationalité indestructible, elle ne saurait combattre ou regretter l'œuvre d'assimilation qui vient de s'accomplir et subordonner à des sentiments jaloux les principes de nationalité qu'elle représente et professe à l'égard des peuples. Le sentiment national de l'Allemagne satisfait, ses inquiétudes se dissipent, ses inimitiés s'éteignent. En imitant la France, elle fait un pas qui la rapproche, non qui l'éloigne de nous. »

Voilà avec quelles balivernes on endormait le sentiment public, voilà sur quelle sotte chimère l'Empire fondait sa politique.

« Au Midi, poursuit la circulaire, l'Italie, dont la longue servitude n'avait pu éteindre le patriotisme, est mise en possession de tous ses éléments de grandeur nationale. Son existence modifie profondément les conditions politiques de l'Europe ; mais, malgré des susceptibilités irréfléchies ou des injustices passagères, ses idées, ses principes, ses intérêts la rapprochent de la nation qui a versé son sang pour l'aider à conquérir son indépendance...

« Par quelle singulière réaction du passé sur l'avenir l'opinion publique verrait-elle, non des alliés, mais des ennemis de la France, dans ces nations affranchies d'un passé qui nous fut hostile, appelées à une vie nouvelle, dirigées par des principes qui sont les nôtres, animées de ces sentiments de progrès qui forment le lien pacifique des sociétés modernes ?

« Une Europe plus fortement constituée, rendue plus homogène par des divisions territoriales plus précises, est une garantie pour la paix du continent, et n'est ni un péril, ni un dommage pour notre nation. »

Et dire que Napoléon III croyait véritablement à ce qu'il écrivait là ! Il croyait par sa politique qui a constitué l'Italie, constitué l'Allemagne, qui nous a valu 1870, qui nous vaut les armements formidables de notre époque, il croyait assurer la paix de l'Europe !

Voici la conclusion de la circulaire, qui est comme un résumé du programme suivi par Napoléon III dans tout le cours de son règne : « *La politique doit s'élever au-dessus des préjugés étroits et mesquins d'un autre âge. L'Empereur ne croit pas que la gran-*

deur d'un pays dépende de l'affaiblissement des peuples qui l'entourent et ne voit de véritable équilibre que dans les vœux satisfaits des nations de l'Europe. En cela, il obéit à des convictions anciennes et aux traditions de sa race. Napoléon Ier avait prévu les changements qui s'opèrent aujourd'hui sur le continent européen. Il avait déposé les germes des nationalités nouvelles, dans la péninsule en créant le royaume d'Italie, en Allemagne en faisant disparaître deux cents cinquante-trois États indépendants [1]. »

On ne saurait mieux conclure tout ceci que par ce qu'a écrit un des historiens (P. de La Gorce) de Napoléon III : « *A des degrés divers, il servit tous les peuples, hormis le sien.* »

1. *Moniteur universel* du 17 septembre 1866.

CHAPITRE XVI

ROME A-T-ELLE PERDU LA FRANCE ?

I

1868-69

Examinons à présent la thèse de ceux qui font grief à Napoléon III de n'avoir pas osé abandonner à temps la papauté, et qui déclarent que là est la cause principale du désastre de la France.

Cette thèse était celle du prince Napoléon. Il l'a exposée dans un article de la *Revue des Deux-Mondes*[1] qui eut du retentissement. Elle a été reprise souvent depuis par ceux qui trouvent à y satisfaire leur passion anti-

1. *Les Alliances de l'Empire*, 1er avril 1878.

cléricale. Elle a été développée dans un ouvrage paru en 1907 : *Rome et Napoléon III*, par E. Clermont et Emile Bourgeois, avec une préface de Gabriel Monod.

La thèse est celle-ci : ce qui fait que nous n'avons pas eu, en 1870, l'alliance de l'Italie et par suite de l'Autriche, et que nous avons donc été isolés en face de l'Allemagne, c'est que nous avons refusé de concéder à l'Italie ce qu'elle réclamait comme prix de son alliance: l'abandon de Rome. Le vrai coupable est-il Napoléon III ? Non, répond le prince Napoléon. Le pouvoir temporel du Pape à Rome, déclare-t-il, l'empereur, « dans son opinion intime, le condamnait. Cette conviction s'était formée chez lui par l'étude de la politique de Napoléon Ier et par ses souvenirs de jeunesse, alors que, parmi les insurgés italiens de 1831, il prenait part à la révolution contre le Pape. »

Mais, explique le prince Napoléon, l'empereur n'osait abandonner le Pape, « par crainte du parti clérical que son entourage lui représentait comme très influent ». Les vrais coupables, ce sont donc les catholiques. « Que le parti clérical, écrit le prince Napoléon, ait au moins le courage de ses opinions. Au lieu de se sentir blessé par le reproche d'avoir placé le pouvoir temporel au-dessus des alliés que la France pouvait avoir, il devrait s'en glorifier, et, pour être conséquent, dire : le Pape avant tout, même avant la Patrie ! » Et le prince Napoléon conclut : la politique que le parti clérical a imposée à Napoléon III, « est la cause principale de nos désastres, et l'histoire impartiale dira que le pouvoir temporel des papes a coûté à la France l'Alsace et une partie de la Lorraine ».

On voit l'avantage de cette thèse. L'histoire dit avec nous que ce qui nous a coûté l'Alsace et une partie de la Lorraine, c'est la politique révolutionnaire et napoléonienne des nationalités, c'est la politique révolutionnaire et démocratique du plébiscite et du parlementarisme. Le fait est accablant pour l'Empire. Car cette politique, ce n'est pas une politique de hasard ou de fantaisie, c'est une politique qui tient aux origines et à l'essence mêmes du régime. Quelle chance, pour les partisans de ce régime, s'ils peuvent prouver que non seulement le désastre n'est pas dû à cette politique révolutionnaire, mais encore qu'il est dû à ceux qui ont empêché cette politique d'être poussée jusqu'au bout. « Au parti clérical » ! pour parler comme le prince Napoléon. Entendez : les défenseurs du pouvoir temporel et les tenants de la politique d'équilibre de la monarchie capétienne.

Le prince Napoléon est un accusé qui, pour mieux se défendre, prend l'offensive. Mais il est absolument seul dans cette attitude. On ne trouve pas un seul historien sérieux pour applaudir à la politique extérieure de Napoléon III et pour le féliciter d'avoir unifié l'Italie et l'Allemagne. Dans le livre indiqué plus haut, *Rome et Napoléon III*, M. Emile Bourgeois, qui est l'auteur de la seconde partie qui nous intéresse plus particulièrement aujourd'hui, approuve-t-il ou non cette politique ? Il m'a été impossible de m'en rendre compte. La question n'était pourtant pas indifférente.

Mais enfin, même en reconnaissant que la constitution du royaume d'Italie fut une grande faute de la part de Napoléon III, et la cause primordiale de notre désastre, on peut faire remarquer qu'en 1868, la faute était commise, qu'il n'y avait plus à y revenir ; qu'il n'y avait plus qu'un moyen de chercher à la pallier, c'était d'obtenir l'alliance italienne ; que donc, même si l'on condamne la politique des nationalités de Napoléon III, les défenseurs du pouvoir temporel n'en sont pas moins responsables, à un certain point de vue, du désastre de 1870, par l'isolement auquel ils nous ont réduits.

C'est cette thèse que je veux considérer.

*
* *

Il faut distinguer deux périodes dans les

pourparlers entre la France, l'Autriche et l'Italie. Un premier essai d'alliance fut esquissé en 1868, 1869. Puis les négociations furent interrompues. Elles furent reprises en 1870.

En 1868, les conversations restèrent dans le vague. En 1869, elles ne se précisèrent pas encore beaucoup. « L'empereur cherchait des alliances, écrit Albert Sorel, mais il les cherchait mollement. » Une lettre de Victor-Emmanuel à Napoléon indique bien que l'Italie ne pourra rien conclure tant que les troupes françaises occuperont le territoire romain. Mais si on avait concédé le rappel des troupes françaises, qu'est-ce qui aurait été conclu ? Qui peut le dire ? Aurait-il été même conclu quelque chose ? Il serait bien audacieux de l'affirmer. M. E. Bourgeois, qui soutient la thèse que les exigences « cléricales » perdirent la France, est lui-même obligé d'écrire : « *Peut-être*, en 1869, le rappel des troupes françaises... eût-il suffi à renouer l'accord entre la France et l'Italie [1]. » Voilà un « peut-être » qui est sage. Et même au prix, non seulement du rappel de nos troupes, mais aussi de la reconnaissance du principe de *non-intervention*, « l'alliance se fût-elle solidement nouée ? Il est permis d'en douter », déclare M. de La Gorce [2].

Oui, il est plus que permis d'en douter, surtout lorsqu'on considère l'attitude de l'Autriche, attitude à laquelle l'Italie subordonnait la sienne. « L'Autriche, écrit M. de La Gorce, par-dessus tout soucieuse de diminuer les risques, s'offrait et se refusait tout à la fois. Elle voulait une alliance qui ne la compromît pas trop, une alliance défensive, c'est-à-dire pour le maintien de la paix. Elle aspirait à conserver la faculté de demeurer neutre, même en cas de guerre franco-prussienne... Sûrement il fallait entretenir la Cour des Tuileries dans l'idée d'une alliance :

1. *Rome et Napoléon III*, p. 280.
2. *Histoire du Second Empire*, tome VI, p. 155.

autrement la France, découragée du côté de Vienne, pourrait, par une brusque évolution, se porter vers la Prusse. Mais était-il sage d'aller jusqu'aux accords positifs ? La plus grande habileté ne serait-elle pas de s'offrir sans se livrer, de faire halte sur le terrain un peu vague des quasi-assurances, et par-dessus tout de surseoir aux engagements écrits [1] ? » C'est que, aux yeux du gouvernement autrichien, une image se dressait, « celle de la défaite possible ; ce ne serait plus l'amoindrissement comme en 1866, mais le démembrement [2] ».

Voilà l'attitude de l'Autriche suffisamment définie. On verra cette attitude encore mieux se dévoiler dans les pourparlers de 1870. L'Autriche sera plus ardente que l'Italie elle-même pour faire concéder à cette dernière ce que celle-ci réclame. Ceci parce que c'est pour elle un moyen de tergiverser. Eût-on fait à

1. *Ouvr. cité*, p. 152 et 155.
2. *Id.*, p. 151.

l'Italie la concession demandée, l'Autriche eût trouvé quelque autre échappatoire pour éviter que ni elle ni l'Italie ne s'engageassent d'une façon précise. Le contraire est bien improbable pour qui considère impartialement cette période de l'histoire diplomatique.

Ce fut une grande faute de la part de Napoléon III de ne pas avoir compris cette attitude de l'Autriche. Il crut que les paroles qu'on avait échangées ou que les lettres qu'on s'était écrites pouvaient tenir lieu d'engagement, ou plutôt qu'elles lui permettaient de conclure un engagement quand il voudrait ! C'est ce qui lui faisait déclarer au général Lebrun, en novembre 1869 : « Il serait permis de considérer l'alliance de l'Italie comme certaine, et celle de l'Autriche comme assurée moralement, sinon activement [1]. » Or, ce qui était seul réel, c'est, comme le dit fort bien M. de La Gorce, que si entre Paris, Florence et Vienne, il avait été échangé beaucoup de

1. *Souvenirs du général Lebrun*, p. 59.

paroles, aucune n'avait force obligatoire. « Ces paroles, volontairement équivoques, étaient de celles qui, en cas de victoire, s'appellent engagements, et, en cas de fortune mauvaise ou douteuse, s'effaceront pour jamais[1]. »

C'est bien là la sorte d'alliance qui convenait à Vienne et Florence de conclure.

Voyons d'ailleurs la seule proposition un peu précise qu'on nous ait faite. Elle est de mars 1870, quand l'archiduc Albert vint à Paris. Il établit un plan de campagne avec Napoléon III, dans lequel il demandait, quoi?... Six semaines aux armées autrichiennes et italiennes pour mobiliser. Le 19 mai, l'Empereur rassembla en un conseil le maréchal Lebœuf et les généraux Frossard, Lebrun et Jarras. Il leur exposa le plan proposé par l'Autriche. « Quand l'Empereur se fut tu, écrit M. de La Gorce, un certain embarras prolongea le silence. Que resterait-il

1. *Histoire du Second Empire*, tome VI, p. 157.

du projet quand on aurait éliminé ce qui était rêve ou illusion ! Bientôt les objections se formulèrent. Le plan, superbe à coup sûr, exigeait, pour réussir, deux choses : une extrême lenteur de la part de la Prusse ; une extrême célérité de la part de l'Autriche et de l'Italie. A consulter l'expérience des temps passés et toutes les informations du temps présent, ne serait-ce pas à Berlin qu'on irait vite, à Vienne qu'on procéderait lentement ? L'empressement, déjà un peu refroidi, se changea en vraie déception quand Napoléon ajouta que l'Autriche demandait, à partir des hostilités, un délai de six semaines pour entrer elle-même en campagne. Cette stipulation du délai parut même dissimuler chez notre prétendue alliée l'arrière-pensée de s'attacher à nos victoires, de se dérober à notre mauvaise fortune... Une question se posait, celle de savoir si on pourrait, sans alliés et à découvert, supporter, pendant six semaines, le choc de l'ennemi. Deux des membres du conseil, le maréchal Lebœuf et le général Frossard, ayant à cœur de ne point abandonner un plan qui avait été débattu avec l'Autriche et que le souverain patronnait, on se mit à étudier les cartes, le compas à la main, et on rechercha par quelles combinaisons dilatoires on laisserait à nos alliés le temps d'entrer en ligne. Tous les efforts furent vains, et la conclusion (dont on aurait dû se souvenir deux mois plus tard) fut que l'armée française était insuffisante pour lutter à elle seule, pendant six semaines, contre toute la confédération de l'Allemagne du Nord[1]. »

En juin, l'Empereur envoya donc le général Lebrun à Vienne, pour demander à l'Autriche un projet acceptable. L'Autriche persista à exiger un délai de six semaines à partir de la mobilisation pour entrer en campagne. « Comment voulez-vous, s'écria le général Lebrun, que nous restions près de quatre semaines à découvert, tandis que, sous prétexte de préparatifs à achever, vous

1. *Ouvr. cité*, p. 185.

prolongerez votre état de neutralité ? » — « Ainsi s'exprimait, écrit M. de La Gorce, l'aide de camp impérial. A cette objection qu'il formulait tout haut s'ajoutait un soupçon que son esprit ne parvenait pas à chasser. Le cabinet de Vienne, en ajournant son action, n'entretenait-il pas le secret dessein de ne se décider qu'après la victoire [1] ? »

Voilà donc ce que l'on nous a proposé avant la guerre, et que le refus d'abandonner Rome aurait fait échouer, à supposer que ce refus eût été vraiment l'obstacle à une entente : un plan que nos chefs militaires considéraient comme inacceptable parce qu'il permettait à nos « alliés » de ne nous venir en aide que lorsque nous n'aurions plus besoin d'eux, c'est-à-dire dans le cas où nous serions victorieux ; et que de plus il nous laissait dans les quatre premières semaines, les semaines décisives, à nos seules forces.

1. *Ouvr. cité*, p. 187.

II

1870

Les négociations pour obtenir des alliances reprirent en juillet-août 1870. Voyons si, alors plus que dans les années précédentes, la question romaine a eu sur nos destinées cette action capitale et funeste que certains lui attribuent.

Le 3 juillet éclate l'affaire Hohenzollern. Le 8 juillet, notre ministre des Affaires étrangères, le duc de Gramont, télégraphie à Florence, à notre envoyé, M. de Malaret : « Si l'obstination de la Prusse rend la guerre nécessaire, la France compte sur l'appui de l'Italie. » La France compte ! Cependant, à ce moment, pas plus avec l'Italie qu'avec l'Autriche, la France n'avait rien conclu. Et lorsque, le 15 juillet, le duc de Gramont répondait au président de la Commission des Crédits, qui demandait si nous avions des alliances : « Si j'ai fait attendre la commission, c'est que j'avais chez moi, au ministère des Affaires étrangères, l'ambassadeur d'Autriche et le ministre d'Italie. J'espère que la commission ne m'en demandera pas davantage », on recommençait alors seulement à « causer ».

M. E. Bourgeois déclare : « Le 25 et le 26 juillet furent les journées critiques où, à Vienne et à Paris, le sort de la France se décida diplomatiquement. Avec Sedan et la capitulation de l'armée française, ce sont les dates les plus malheureuses de notre histoire [1]. » M. Bourgeois entend par là qu'à cette date nous pouvions obtenir l'alliance de l'Italie et de l'Autriche au prix de l'abandon de Rome aux troupes italiennes, et que cette alliance sauvait la France. Examinons ce qui en est.

Voyons d'abord ce qui nous était offert. Le ministre autrichien, M. de Beust, dans

1. *Rome et Napoléon* III, p 287.

une lettre au prince de Metternich, que celui-ci communiqua au duc de Gramont, écrivait le 20 juillet : « Veuillez répéter à Sa Majesté et à ses ministres que, fidèles à nos engagements, tels qu'ils ont été consignés dans les lettres échangées entre les deux souverains, nous considérons la cause de la France comme la nôtre, et que nous contribuerons au succès de ses armes dans les limites du possible. »

Les lettres échangées entre les souverains auxquelles il est fait ici allusion, ce sont les pourparlers de 1869 qui n'avaient abouti à rien de précis. Un seul « engagement » en était sorti, celui de ne pas s'entendre avec une puissance tierce à l'insu les uns des autres. Voilà seulement à quoi l'Autriche et l'Italie étaient tenues envers nous.

Il est vrai que l'Autriche se déclare prête à nous venir en aide « dans les limites du possible ». Voyons ce possible. « Ces limites, déclare la lettre du 20 juillet, sont déterminées d'une part par nos difficultés intérieures, d'autre part par des considérations politiques de la plus haute importance. »

Quelles sont les difficultés intérieures ? « Comme je l'ai toujours fait pressentir dans nos pourparlers de l'année dernière, déclare M. de Beust, nous ne pouvons pas oublier que nos dix millions d'Allemands ne voient, dans la guerre actuelle, non pas un duel entre la France et la Prusse, mais le commencement d'une lutte nationale. Nous ne pouvons pas nous dissimuler non plus que les Hongrois, tout disposés qu'ils soient à s'imposer les plus grands sacrifices dès qu'il s'agit de défendre l'Empire contre la Russie, se montreront plus réservés dès qu'il s'agira de dépenser leur sang et leur argent pour reconquérir à l'Autriche sa position en Allemagne. »

Et puis, autre chose capitale dont M. de Beust ne parle pas ici, c'est que l'armée autrichienne n'est nullement prête à entrer en campagne.

Quelles sont, d'autre part, ces « considérations politiques de la plus haute importance » qui, d'après M. de Beust, imposent des « limites » à l'intervention autrichienne ? C'est l'attitude menaçante de la Russie. La Russie n'avait guère eu à se louer de la politique du second Empire. Aussi quand notre ambassadeur à Saint-Pétersbourg, le général Fleury, dans les premiers jours de juillet, vint entretenir le prince Gortschakoff de l'incident Hohenzollern, celui-ci lui répondit, non sans un malin plaisir, qu'il ne pouvait que se désintéresser de cet incident, car, déclara-t-il en substance, il n'y a pas bien longtemps, un autre prince de Hohenzollern a été appelé à régner sur la Roumanie. (C'est Napoléon III qui avait été l'instigateur de cette candidature). « Or, remarquait Gortschakoff, la Russie a alors protesté, et nos protestations sont restées sans écho. » N'était-il pas de bonne guerre de trouver naturel qu'il en fût de même à son tour pour la France ?

Cependant, après l'envoi de ce trait, Gortschakoff nous tendait la perche. Il insinuait que l'attitude de la Russie pourrait changer, si la France voulait bien donner « sur le terrain d'Orient des gages de son esprit conciliant. » C'est la révision du traité de Paris, quant à la neutralisation de la mer Noire, que la Russie désirait. Mais les instructions de notre ambassadeur, « loin de lui laisser cette latitude, lui recommandaient de garder le silence sur la question d'Orient ». (P. de La Gorce.)

Ce que la Russie n'obtint pas à Paris, elle l'obtint à Berlin. « La Prusse promit (9 août 1870) à la Russie ses bons offices, en vue d'une révision du traité de Paris, la Russie promit de prendre part au conflit dans la même mesure que l'Autriche... L'Autriche fut avertie en conséquence que la Russie croirait devoir armer dans la même proportion, au moins, qu'on le ferait à Vienne. » (A. Sorel.) Et Sorel ajoute : « Les arrangements conclus avec l'Autriche obligeaient l'Italie à ne rien faire à l'insu de cette puissance. Les négociations d'une alliance avec l'Italie se trouvèrent dès lors liées entièrement aux négociations d'une alliance avec l'Autriche. C'est ainsi que les empêchements qui arrêtaient la cour de Vienne pesaient indirectement sur l'Italie. On voit ici toute l'étendue des services que la Russie rendit à la Prusse[1]. »

C'est ce qui permet à M. Welschinger de déclarer que, quitte à « mécontenter l'Angleterre au prix de la rupture du traité de Paris (ce qui devait d'ailleurs avoir lieu quelques mois plus tard) », il fallait « obtenir à ce prix l'alliance russe qui nous était depuis longtemps offerte, alliance qui eût, sinon empêché la guerre, du moins singulièrement fortifié nos positions et assuré par surcroît l'alliance autrichienne ». — « Voilà, ajoute M. Welschinger[2], ce qu'il faut reprocher à la diplomatie impériale, et c'est ce que ne disent pas ceux qui font tout remonter à la

1. *Histoire diplomatique de la guerre franco-allemande*, tome I, p. 232.

2. *La guerre de 1870*, tome I, p. 231.

question romaine. Telle est cependant la faute grave, la faute maîtresse. »

Quoi qu'il en soit, dans sa lettre du 20 juillet, M. de Beust met en avant les menaces de la Russie pour ne pas s'engager d'une façon trop compromettante avec la France. Il écrit : « Nous croyons savoir que la Russie persévère dans son alliance, au point que, dans certaines éventualités, l'intervention des armées moscovites doit être envisagée non pas comme probable, mais comme certaine. Parmi ces éventualités, celle qui nous concerne nous préoccupe nécessairement le plus. Mais, si nous admettons cette préoccupation avec toute la franchise qu'on se doit entre bons alliés, nous pensons que l'empereur Napoléon nous rendra cette justice de ne pas nous taxer d'un étroit égoïsme : nous pensons à lui autant qu'à nous.

« L'intérêt de la France n'ordonne-t-il pas comme le nôtre d'empêcher que le jeu, engagé à deux, ne se complique trop promptement ? Or, nous croyons savoir que notre entrée en campagne amènerait sur le champ celle de la Russie qui nous menace non seulement en Galicie, mais sur le Pruth et le le Bas-Danube. Neutraliser la Russie, l'amener jusqu'au temps où la saison avancée ne lui permettrait plus de songer à concentrer ses troupes, éviter tout ce qui pourrait lui donner de l'ombrage ou lui fournir un prétexte d'entrer en lice : voilà ce qui doit, pour le moment, être le but ostensible de notre politique. »

Finalement, que nous proposait l'Autriche? Une *neutralité* armée. « Dans ces circonstances, le mot de *neutralité* que nous ne prononçons pas sans regret nous est imposé par une nécessité impérieuse et par une appréciation logique de nos intérêts solidaires. Mais cette neutralité n'est qu'un moyen, le moyen de nous rapprocher du but véritable de notre politique, le seul moyen de compléter nos armements sans nous exposer à une attaque soudaine, soit de la Prusse, soit de la Russie, avant d'être en mesure de nous défendre. »

Ajoutons que c'était surtout le moyen de voir venir les événements pour pouvoir, comme le dit très bien M. Welschinger, « modifier son attitude, suivant que la victoire se porterait de tel ou tel côté ».

Dans cette même lettre, M. de Beust déclarait que l'Autriche ne pourrait s'entendre avec l'Italie pour cette « neutralité armée » que dans le cas où, non seulement, la France rappellerait ses troupes des Etats pontificaux, mais encore livrerait ces Etats à la discrétion des Italiens. « Jamais, écrivait-il, nous n'aurons les Italiens avec nous de cœur et d'âme, si nous ne leur retirons pas leur épine romaine. »

Les jours suivants, l'Italie, de son côté, marqua qu'elle était prête à lier partie avec l'Autriche et à conclure avec celle-ci « un traité de neutralité armée », à la condition également que les troupes françaises quitteraient Rome et que la France laisserait l'Italie solutionner à son gré la question romaine.

Le gouvernement français consentit au rappel de ses troupes, mais refusa d'aller au delà. C'est là-dessus que certains se sont écriés que la défense du pouvoir temporel avait perdu la France.

Or, en donnant sur cette question satisfaction à l'Italie et à l'Autriche, qu'eût-on obtenu ? Nous venons de le voir : une « neutralité armée » de la part de ces deux pays. Le texte du projet n'a jamais été livré à la publicité. M. E. Bourgeois déclare qu'on peut néanmoins le reconstituer d'après les discussions auxquelles le document a donné lieu. « Le projet, écrit-il[1], était formé, le matin du 26 juillet, de sept articles. Les articles 1 et 2 contenaient une déclaration commune de neutralité armée, avec garantie réciproque des territoires. L'article 3 stipulait, comme le traité proposé en 1869, que les deux puissances s'engageraient réciproquement à concerter toutes leurs démarches ultérieures ; l'article 4, qu'une de ces démarches pourrait être l'of-

1. Voir *Rome et Napoléon III.*

fre commune d'une médiation à la France et à la Prusse. L'article 5 prévoyait, pour le cas où cette médiation serait refusée, la mise sur pied, la plus rapide possible : *aussitôt que faire se pourra*, des armées italiennes et autrichiennes, et l'article 6, enfin, l'étude simultanée, après le rejet de cette médiation, des combinaisons et des plans de campagne. L'article 7 était relatif à la question romaine, dont le règlement était indiqué d'une façon vague : « pour la satisfaction de l'Italie et la protection du Pape. »

Mise sur pied, *aussitôt que faire se pourra*, des armées autrichiennes et italiennes. C'est-à-dire quand ? On nous l'avait spécifié des deux côtés : pas avant le courant de septembre. Or, en septembre, où étaient nos armées ? L'une avait été faite prisonnière à Sedan, l'autre était enfermée dans Metz. L'Autriche et l'Italie eussent-elles alors jugé opportun de marcher contre l'Allemagne ? Je donnerai plus loin les raisons qui font conclure par la négative ! Je rappellerai seulement ici ce que le ministre des Affaires étrangères italien, M. Visconti-Venosta, répondait à notre envoyé qui faisait appel à l'amitié de l'Italie, au nom des services rendus par la France : « Eh ! oui, eh ! oui, amitié, certes. Mais quand un de nos amis se jette par la fenêtre, sans nous prévenir, ce n'est pas une raison pour qu'on saute après lui et se casse le cou, sans chance de le sauver. »

*
* *

J'ai exposé ce que l'Autriche et l'Italie avaient proposé, le 26 juillet 1870, à la France, au prix de l'abandon de Rome aux Italiens : un traité de neutralité armée entre l'Autriche et l'Italie ; une offre de médiation à la France et la Prusse. Dans le cas du rejet de la médiation par la Prusse, une mise sur pied des armées italiennes et autrichiennes « aussitôt que faire se pourra », c'est-à-dire au plus tôt pour le courant de septembre !

Or, après qu'une de nos armées avait été

faite prisonnière à Sedan, lorsque l'autre était enfermée à Metz, l'Autriche et l'Italie eussent-elles jugé prudent de marcher contre l'Allemagne ? Tout dans leur attitude oblige à répondre par un non très catégorique.

Je l'ai montré, avec les historiens qui ont le plus impartialement traité cette question, la préoccupation dominante de l'Italie et encore plus de l'Autriche avait été de ne pas s'engager formellement avant de savoir en faveur de qui la victoire se déclarerait. Comme écrit Albert Sorel, Italie et Autriche « entendaient participer aux avantages sans s'exposer à de trop grands hasards ». Exiger six semaines pour faire les préparatifs militaires nécessaires, c'était se permettre de voir venir les événements. Après nos premières défaites du commencement d'août, c'était tout vu. L'Autriche et l'Italie étaient dès lors bien décidées à ne plus sortir de leur neutralité.

Mais, objectera-t-on peut-être, si, en juillet 1870, la France avait donné satisfaction à l'Italie, sur la question romaine, il est possible que le traité, resté à l'état de projet, eût été alors signé. Et puis ? Qu'est-ce que cela eût changé à l'ordre des choses ? Le duc de Gramont va nous le dire. Si un traité d'alliance avait été signé (le duc de Gramont prétend qu'il eût suffi pour cela qu'en août les troupes françaises eussent pu tenir quelques jours de plus sans être battues), « cela n'eût pas changé grand'chose à la situation, avoue-t-il, mais cela eût obligé nos alliés à déchirer un traité conclu au lieu de n'avoir à répudier qu'un traité convenu. » Voilà un bel avantage, n'est-il pas vrai ?

Et encore fais-je abstraction de ce qu'Albert Sorel croit pouvoir avancer, c'est qu'au traité qui nous avait été proposé, « il y avait une condition expresse, c'est que la France serait entrée dans l'Allemagne du Sud » [1]. Que l'Autriche et l'Italie ne s'engageaient donc « à soutenir la France qu'au cas où l'ar-

1. *Histoire diplomatique de la guerre franco-allemande*, tome I, p. 240.

mée française prendrait l'offensive et parviendrait à tenir avec avantage la campagne jusqu'au 15 septembre [1]. »

Peu importe, d'ailleurs, que cette condition ait été ou non formellement exprimée. C'est bien à elle, on n'en saurait douter, que dans tous les cas l'Autriche et l'Italie subordonnaient l'exécution des engagements qui nous avaient été offerts.

Peut-on leur en vouloir ? J'ai déjà cité la remarque de M. Visconti-Venosta : « Quand un de nos amis se jette par la fenêtre, sans nous prévenir, ce n'est pas une raison pour qu'on saute après lui et se casse le cou, sans chance de le sauver. » On ne peut s'empêcher de trouver que la remarque est de bon sens. Les armées italiennes et autrichiennes n'étaient nullement prêtes alors à se mesurer avec les armées prussiennes. L'Autriche nous en avait averti, pour ce qui la concernait, en juin 1870, quand le général Lebrun

1. *Ouvr. cité*, p. 246.

avait été envoyé en mission à Vienne. François-Joseph ne nous avait pas caché qu'il voulait la paix, parce qu'il n'était pas en état de soutenir la guerre. En définitive, en juillet 1870, « l'Autriche, écrit Albert Sorel, n'était ni résolue à l'action, ni capable d'agir. En proclamant immédiatement son alliance, dit un écrivain militaire très bien informé (Metz), elle courait un réel danger ; la Prusse pouvait, grâce à la rapidité de sa mobilisation, porter sur elle les premiers coups, avant qu'elle fût en état de résister, séparée de nous par plus de deux cents lieues d'un territoire ennemi. La Russie pouvait attaquer à l'improviste. Tout commandait donc à l'Autriche la réserve et la prudence [1] ».

« Si l'Autriche, écrit de son côté M. Welschinger, n'avait ni les ressources financières ni les effectifs suffisants pour entrer immédiatement en campagne, que dire de l'Italie ? L'effectif de l'armée italienne avait été réduit

1. *Ouvr. cité*, p. 233.

à cent trente mille hommes. Il lui fallait au moins six semaines pour se préparer à une action quelconque, puisque le 27 juillet 1870, Visconti-Venosta sera amené à dire lui-même à Sir Pajet : « L'Italie est désarmée au delà de toute limite. » Et le 18 septembre 1870, Crispi écrira à Philippe, préfet de la Haute-Savoie, que les Italiens ne seraient pas capables d'envoyer « cinquante hommes au delà des Alpes. Nous pourrions soutenir une guerre défensive chez nous, mais nous ne pourrions faire une guerre offensive [1]. »

« Comment a-t-on pu dire après cela, ajoute M. Welschinger, que, le 24 juillet, le conseil des ministres et l'empereur François-Joseph étaient prêts à conclure la triple alliance ? Il suffit de relire les dépêches officielles pour découvrir tout le contraire. Du 6 au 20 juillet, il n'est question que du désir de ne pas s'immiscer dans le conflit franco-prussien, de garder l'attitude passive de la neutralité,

1. *La guerre de 1870*, tome I, p. 206.

et s'il faut sortir de cette attitude, de n'agir qu'en vue de la conciliation et de la paix. La circulaire de Beust à ses agents, le 20 juillet, constate que l'unique préoccupation de l'Autriche a été le maintien de la paix, et que maintenant la neutralité lui est commandée avec le devoir de veiller à sa sécurité et à ses intérêts, de résister à toute pression et à tout entraînement irréfléchi et de ne pas devenir le jouet des événements. Il est vrai que, le 26 juillet, Victor-Emmanuel informe Napoléon III que l'Autriche propose un traité préalable de neutralité armée entre l'Autriche et l'Italie, « ce qui, dit-il, faciliterait, én cas d'événement, notre concours dans cette triple alliance ». Mais ce ne sont là, encore une fois, que les promesses vagues d'un traité qui permettrait de se mettre en mouvement dans l'avenir, c'est-à-dire dans plusieurs mois, quand la guerre entre la France et la Prusse aurait déjà décidé du sort de l'une ou de l'autre de ces deux puissances. Les armements promis, la sommation éventuelle à la Prusse de maintenir le *statu quo* en Allemagne, l'entrée en campagne de corps autrichiens et italiens, tout cela était fallacieux et éphémère [1]. »

Et M. Welschinger conclut : « Est-il vrai que ce dilemme : « Sauver la France en perdant Rome, ou perdre la France en sauvant Rome », se soit alors posé réellement ? Non. L'abandon complet de Rome n'eût pas sauvé la France, puisque ni l'Italie, ni l'Autriche n'étaient, à cette époque, en état de lui venir matériellement et efficacement en aide. Les documents authentiques sont là pour attester cette vérité dont on se garde de parler. Faut-il redire encore une fois que l'Autriche avait déclaré « qu'il ne lui serait pas possible d'entrer en campagne avant la fin de septembre » et que l'Italie n'était pas prête ? A quoi donc auraient servi des traités d'alliance qui auraient laissé, pendant cinq semaines au moins, la France toute seule

1. *Ouvr. cité*, p. 213.

devant un ennemi supérieur en forces [1] ? »

La vérité est que les forces autrichiennes et italiennes seraient venues former un appoint pour nous si elles avaient vu la balance pencher en notre faveur. Dès lors que nous étions vaincus, dès les premières rencontres, avec comme sans traité, nous ne pouvions plus espérer aucun secours.

La victoire ! c'est bien là-dessus, d'ailleurs, que le gouvernement français comptait pour avoir des alliés. Il faut relire à ce propos le récit que fait Rothan de son entrevue avec notre ministre des Affaires étrangères : « Le duc de Gramont ne me reçut que le surlendemain, le 23 juillet. Je le trouvai superbe dans ses allures, hautain dans ses appréciations. Il croyait à la vertu des mitrailleuses ; elles paraissaient être, à ce moment, le dernier mot de sa science diplomatique. Il voyait la Prusse écrasée, implorant la paix, et l'Europe émerveillée, sollicitant nos bonnes grâ-

1. *Ouvr. cité*, p. 218.

ces, si bien qu'il dédaignait les alliances : *Nous aurons après nos victoires*, me disait-il, *plus d'alliés que nous n'en voudrons.* Il entendait avoir ses coudées franches au moment de la paix. Il en était à se féliciter de l'évolution de la Bavière et du Wurtemberg. « Vous aviez tort de croire, disait-il à M. de Saint-Vallier, que nous souhaitions la neutralité des royaumes du Sud, nous n'en voulons pas, elle gênerait nos opérations militaires, il nous faut les plaines du Palatinat pour développer nos armées [1]. »

Nous ne sommes évidemment pas là devant quelqu'un dont l'esprit serait torturé par ce dilemme que certains prétendent qui se serait posé alors : « Qui vais-je sacrifier ? Le Pape à la France, ou la France au Pape ? » Non, l'image qui se présentait aux yeux de nos diplomates était moins poignante : « Nous partons en guerre. Nous sommes victorieux.

1. *L'Allemagne et l'Italie*, par G. Rothan, tome II, p 40.

Nos premières victoires entraînent à notre suite l'Autriche et l'Italie. L'Autriche qui trouve une occasion de venger sa défaite de 1866. L'Italie, une occasion de payer à la France sa dette de reconnaissance. »

Parfait, mais il eût fallu pour cela préparer la victoire, ce que le gouvernement impérial avait négligé de faire. Comme dit Sorel, « les stratégistes avaient compté sur les alliances pour organiser la victoire, les diplomates comptaient sur la victoire pour organiser les alliances ». Voilà le vrai dilemme qui s'est posé : sans alliés, pas de victoire ; sans victoire préalable, pas d'alliés. Or, ce dilemme était insoluble. On ne pouvait que tâcher de l'écarter en essayant d'éviter ou de retarder la guerre. Et c'est ce que notre diplomatie ne fit pas, puisqu'elle fit tout le contraire.

DEUXIÈME PARTIE

CHAPITRE PREMIER

LE PARLEMENT PRUSSIEN CONTRE L'ARMÉE (1860-1866)[1].

En exposant les causes politiques du désastre de 1870, je n'ai jusqu'à présent envisagé que les événements de France. Il nous faut maintenant passer la frontière. Alors qu'en 1870 la France ne se trouvait prête à la lutte, ni au point de vue militaire, ni au

1. Les détails de cette période de l'histoire de la Prusse sont empruntés principalement aux deux volumes (édition française par E. Jaeglé) des *Pensées et souvenirs* de Bismarck, à *Bismarck et sa famille*, par Robert de Keudell, et au second volume de *Bismarck et son temps*, par Paul Matter.

point de vue des alliances, elle a trouvé devant elle un peuple qui s'était, au contraire, admirablement préparé à la guerre: voilà aussi une cause de notre désastre. Or d'où émanait cette cause? D'où venait cette différence entre ce peuple et nous ? Ce peuple était-il militariste ? Avait-il compris qu'il importait de se préparer? Avait-il consenti les sacrifices nécessaires à cette préparation ? Non, rien de tout cela. Aussi bien qu'en France, le parlement, les électeurs en Prusse se sont prononcés contre toute réforme de l'armée. Seulement en Prusse, il s'est trouvé un *gouvernement* digne de ce nom. Gouverner, c'est diriger. En France, l'autorité a en quelque sorte abdiqué. Elle a abandonné notre beau navire au courant de l'opinion. Rien d'étonnant à ce que le voyage ait mal fini.

*
* *

En 1857, par suite de la maladie de Frédéric-Guillaume IV, celui qui devait être

Guillaume Ier avait été chargé de la régence. La situation de la Prusse, l'état de l'Allemagne, les luttes futures qu'il prévoyait, lui enjoignaient de réformer son armée. Aussi, en février 1860, fait-il déposer à la Chambre, par son ministre de la Guerre, M. de Roon, un projet de réorganisation militaire. C'est le point de départ d'un conflit entre le gouvernement et le Parlement qui durera jusqu'en 1866, jusqu'à Sadowa. Mais, pour bien comprendre ce conflit, il faut dire tout d'abord un mot de la constitution politique prussienne d'alors.

Cette constitution date de 1848. Les ministres ne dépendent que du roi. Le pouvoir législatif est attribué également au roi et aux deux Chambres. Ces Chambres sont : la Chambre des seigneurs, composée de 60 membres nommés par le roi et de 180 élus parmi les personnes possédant un certain revenu ou certaines distinctions ; la Chambre des députés ou Landtag, dont les élections se font à deux degrés.

Donc, en février 1860, Roon présente devant la Chambre des députés un projet de réorganisation militaire. Ce projet prévoyait entre autres la création de plus de cinquante régiments nouveaux. Pour cet accroissement du contingent une somme annuelle de neuf millions et demi de thalers était nécessaire. Devant l'opposition de la commission et du parlement, Roon retire son projet.

Mais ce retrait n'est qu'une ruse de guerre. Roon compte bien arriver à ses fins, mais par des voies détournées. Il fait réclamer en effet, par son collègue des finances, les millions dont il a besoin. Cette demande est présentée comme une demande faite une fois pour toutes, pour « compléter les mesures nécessaires au perfectionnement de l'état de mobilisation », bref, comme un crédit extraordinaire qu'il n'y aura pas à renouveler. Sous cette forme le crédit est accordé. C'est tout ce que Roon souhaitait. Une fois les millions en mains, il crée les nouveaux régiments qu'il avait en vain réclamés à la Chambre. C'est bien. La Chambre est jouée pour cette année-là. Mais les années qui suivront, quel argent pourra être affecté à ces nouveaux régiments? On verra! Le principal, pour l'instant, était de faire la réforme. Or, il n'y avait pas d'autre moyen de la faire. Parlant de la ruse employée par Roon, un des familiers de Bismarck, Robert de Keudell, écrit en effet : « Sans cet habile artifice, il est probable qu'on n'eût pu exécuter, vu l'état de l'opinion publique, la réforme indispensable en vue de la lutte suprême, dont l'Allemagne devait être le prix. »

Devant l'emploi que Roon fait du crédit accordé, les parlementaires ne peuvent pas ne pas s'apercevoir qu'ils sont joués : « Nous sommes dupés, s'écrient-ils ; au lieu des organisations provisoires, pour lesquelles on a voté l'argent, on en a créé d'immuables. Cette mesure produira d'intolérables augmentations d'impôts. » La réponse des électeurs ne se fait pas attendre. Dans deux ballottages, à la place de libéraux-modérés, ce sont deux chefs de l'extrême-gauche qui passent.

En janvier 1861, Frédéric-Guillaume IV meurt. Guillaume Ier monte sur le trône. La Chambre doit être renouvelée en automne. Un parti se forme qui réclame : réduction du contingent, service de deux ans, diminution des impôts, etc. Comme de raison c'est ce parti qui triomphe. Il ne reste plus à la Chambre que vingt-cinq conservateurs.

En janvier 1862, le ministère présente à la Chambre un budget où figurent les crédits nécessaires à l'entretien des nouveaux régiments. La Chambre n'eût certes pas voté ces crédits. Bien loin, en effet, d'accepter une augmentation des charges militaires, elle réclame le service de deux ans. Mais le budget ne vient pas en discussion. Un député propose, en effet, que le budget soit voté par chapitres spéciaux. C'était pour pouvoir mieux éplucher le budget de la guerre. Le ministère refuse. La proposition néanmoins est votée. Le ministère donne alors sa démission. Tous les ministres libéraux se retirent et le roi les remplace par des conservateurs. La Chambre est dissoute le 11 mars.

Aux élections de mai, les conservateurs sont réduits à onze. Aucun des membres du cabinet n'est élu.

Le budget de 1862 n'était toujours pas voté. Le gouvernement présente donc à la fois les budgets de 1862 et 1863 où figurent toujours les fameux crédits qui se trouvaient d'ailleurs en grande partie déjà engagés. Le 23 septembre, par 273 voix contre 68, la Chambre les raye du budget. Le budget ainsi mutilé est approuvé par 308 voix contre 11.

Le vote était prévu par le gouvernement. Aussi, les jours précédents, le roi avait-il pensé à abdiquer. La réorganisation de l'armée lui paraissait indispensable pour le salut de son pays. Or il se heurtait à l'hostilité inébranlable, contre cette réorganisation, des électeurs et du Parlement.

Mais, avant de prendre une si grave décision, Guillaume Ier veût encore faire une tentative, et il appelle Bismarck, dont il avait été à même de juger la fermeté de caractère dans différentes missions qu'il lui avait confiées. Bismarck arrive à Berlin le 20 septembre, est reçu par le roi le 22. Dans ses *Pensées et Souvenirs* [1] il raconte ainsi son entrevue : « *La situation ne m'apparut clairement que lorsque Sa Majesté l'eut à peu près précisée, dans les termes suivants :* « Je ne veux pas gouverner, si je ne suis pas en état de le faire comme je peux en répondre devant Dieu, devant ma conscience et devant mes sujets. Or, je ne le puis pas, si je dois gouverner d'après la volonté de la majorité actuelle du Landtag, et je ne trouve plus de ministres qui soient disposés à diriger mon gouvernement sans se soumettre, eux et moi, à la majorité parlementaire. Aussi me suis-je décidé à abandonner le pouvoir et j'ai déjà préparé mon acte d'abdication motivé par les raisons que j'ai indiquées. » ...*Sa Majesté conclut en répétant qu'elle ne pouvait gouverner sans des ministres capables de faire prédominer ses vues.*

1. Tome I, p. 338 à 340.

Je répliquai que Sa Majesté savait déjà depuis le mois de mai que j'étais prêt à entrer dans le ministère ; j'étais certain que Roon avec moi resterait auprès de lui, et je ne doutais pas qu'on ne réussît à compléter le cabinet dans le cas où d'autres membres seraient amenés à se retirer par suite de ma nomination. Après que nous eûmes débattu cette question et pesé le pour et le contre, le roi me demanda si j'étais prêt à soutenir, comme ministre, la réorganisation de l'armée et, sur mon affirmation, il me posa cette seconde question : si je le ferais même contre la majorité du Landtag et ses décisions ? Sur ma promesse, il déclara finalement : « Alors c'est mon devoir de tenter avec vous la continuation de la lutte et je n'abdique pas. »

Dans la conversation qui suivit, le roi montra à Bismarck un programme qui « remplissait huit pages in-folio », envisageait toutes les éventualités de la politique et entrait dans une foule de détails. Bismarck amène le roi à brûler ce programme : « *Je réussis à lui persuader, écrit-il, qu'il ne s'agissait pas pour lui de choisir entre un système conservateur ou libéral, mais entre un gouvernement monarchique et le régime parlementaire, et qu'il fallait écarter ce dernier à tout prix, et même par une période de dictature. Je dis : « Dans cette situation, même si Votre « Majesté devait me commander des choses « que je n'estimerais pas opportunes, je lui « exposerais franchement mon opinion; mais « si, finalement, elle persistait dans la sienne, « j'aimerais mieux périr avec le roi que d'a- « bandonner Votre Majesté dans la lutte con- « tre le parlementarisme. »*

Ceci, comme nous l'avons dit, se passait le 22 septembre. Le 23, c'était le rejet, dont nous avons parlé, des crédits militaires par la Chambre. Le même jour était publiée la nomination de Bismarck comme ministre d'État et président intérimaire du cabinet.

La lutte contre les parlementaires sur la question de l'armée allait se faire encore plus ardente. Elle devait se terminer en 1866 par la victoire de Bismarck, de la monarchie et de la nation prussienne.

Bismarck contre le Parlement

Donc le 23 septembre 1862, en réponse au vote de la Chambre refusant les crédits nécessaires à l'armée par 308 voix contre 11, le roi nomme Bismarck ministre d'État et président intérimaire du cabinet.

Le 10 octobre 1862, la Chambre des seigneurs repousse le budget mutilé, voté par le Landtag, et adopte celui présenté par le ministère. Il en sera ainsi pendant quatre ans. La Chambre des députés retranchera du budget les millions nécessaires à l'entretien des nouveaux régiments. La Chambre des seigneurs les rétablira. Bismarck prélèvera les impôts comme si le budget était régulièrement voté. Il contestera d'ailleurs qu'agir ainsi est violer la Constitution. Sa thèse est celle-ci : d'après la Constitution, pour le vote du budget, comme pour toute loi, il faut l'accord du roi et des deux Chambres. Si cet accord est impossible à établir, que prescrit la Constitution ? Elle est muette sur ce point. Il n'y a donc qu'un moyen d'empêcher la machine gouvernementale de s'arrêter, c'est de gouverner avec le dernier budget voté régulièrement. Bismarck parlait ainsi parce que dans ce dernier budget figuraient les crédits militaires dont il avait besoin. Comme je l'ai exposé précédemment, ces crédits avaient été, en effet, votés par surprise en 1860 et comme crédits extraordinaires. Avec sa thèse, Bismarck les a ainsi, malgré la Chambre, maintenus dans le budget pendant toute la période du conflit entre le gouvernement et le Parlement.

Cette thèse, le roi la résuma dans un discours prononcé le 2 janvier 1863. Il dit : « *La Chambre des députés a fait usage de son droit et réduit le budget. La Chambre des seigneurs a fait usage de son droit et repoussé en bloc le budget réduit. Que prescrit la Constitution en pareil cas? Rien! Puisque, comme je l'ai montré plus haut, la Chambre des députés a usé de son droit pour anéantir l'armée et le pays, il m'a fallu, à cause de ce « Rien » suppléer à la lacune et en bon père de famille continuer à diriger la maison, quitte à rendre les comptes plus tard.* »

*
* *

Nommé ministre le 23 septembre 1862, Bismarck se présente pour la première fois à la Chambre le 29 du même mois. Le lendemain, la Chambre approuve une résolution, manifestement dirigée contre le nouveau ministre et ainsi libellée : « Il est contraire à la Constitution que le gouvernement du roi ordonne une dépense qui a été rejetée définitivement et expressément par la Chambre des députés. » Au cours de la discussion avec la commission du budget, Bismarck prononça une phrase qui eut un grand retentissement :

« *L'unité de l'Allemagne,* déclara-t-il, *ne sera pas obtenue par des parlottes parlementaires, mais par le fer et le sang.* » Roon lui-même trouva ces paroles imprudentes et fut mécontent. Guillaume Ier était en voyage avec la reine et le prince Frédéric-Guillaume, tous deux alors hostiles à Bismarck. Inquiet de l'effet que son discours a pu produire sur le roi, Bismarck va l'attendre dans une petite gare et monte dans son wagon au passage du train. Dans ses *Pensées et Souvenirs* [1], Bismarck raconte ainsi son entrevue : « *J'eus quelque peine à découvrir le wagon où le roi se trouvait seul dans un simple compartiment de première classe. Encore sous l'impression de l'entrevue avec sa femme, il était complètement déprimé, et lorsque je lui demandai la permission de lui exposer ce qui s'était passé pendant son absence, il m'interrompit en disant :* « Je prévois parfaitement comment tout cela finira. Là-bas, place

1. Tome I, p. 358 à 360.

de l'Opéra, sous mes fenêtres, on vous coupera la tête à vous, et un peu plus tard à moi. » *Je devinai, comme cela me fut plus tard confirmé par des témoins, que, pendant les huit jours de son séjour à Baden, on l'avait travaillé avec les variations sur le thème Polignac, Strafford, Louis XVI. Lorsqu'il se tut, je répondis ce simple mot : « Et après, Sire ? — Eh bien, après, mais nous serons morts !* » *répliqua le roi. « Oui, repris-je, après nous serons morts, mais il nous faut bien mourir tôt ou tard, et pouvons-nous périr d'une manière plus digne ? Moi-même je mourrai luttant pour la cause de mon roi, et Votre Majesté en scellant de son sang ses droits royaux à lui conférés par Dieu ; que ce soit sur l'échafaud ou sur le champ de bataille, cela ne changera rien à ce fait honorable que nous aurons risqué glorieusement notre vie et notre personne pour défendre les droits octroyés par la grâce de Dieu. Votre Majesté ne doit pas penser à Louis XVI ; il a vécu et il est mort en montrant de la faiblesse, et ce n'est pas une belle figure dans l'histoire. Mais Charles Ier ne restera-t-il pas toujours une auguste figure héroïque, lorsque, après avoir tiré l'épée pour son droit et perdu la bataille, il resta inflexible, scellant de son sang l'idée qu'il avait de ses droits royaux? Votre Majesté est dans la nécessité de lutter. Vous ne pouvez pas capituler, vous devez vous opposer à la violence qui vous est faite, dût votre personne être en danger.*

Plus je parlais dans ce sens, continue Bismarck, *plus le roi s'animait et entrait d'esprit dans le rôle de l'officier combattant pour la monarchie et la patrie. Il offrait, développé au plus haut degré, le type idéal de l'officier prussien : dans le service il marche à une mort certaine, sans regrets, sans crainte... ; par contre, quand il doit agir sous sa propre responsabilité, il redoute les critiques de son supérieur et du monde plus que la mort... Jusqu'ici le roi s'était borné à se demander pendant son voyage s'il pour-*

rait, dans la voie où il s'engageait avec moi, affronter la critique supérieure de sa femme et l'opinion publique en Prusse. Maintenant... il redevenait avant tout militaire et envisageait sa situation comme étant celle d'un officier chargé de défendre jusqu'à la mort le poste qui lui est assigné, advienne que pourra. Il se trouvait ainsi remis dans la voie qui répondait à toutes ses habitudes d'esprit et en quelques minutes il retrouva l'assurance qu'on lui avait fait perdre à Baden et même sa gaîté. »

*
* *

Le 7 octobre 1862, les députés, par 251 voix contre 36, votèrent un ordre du jour proclamant à nouveau l'illégalité des dépenses non autorisées par la Chambre. Le lendemain, le roi répondait en nommant définitivement Bismarck président du Conseil et ministre des Affaires étrangères. Ce même jour, comme je l'ai dit, la Chambre des seigneurs approuvait le budget présenté par le gouvernement. Grande effervescence à la Chambre. A l'unanimité, le 13 octobre, les députés déclarent le vote de la Chambre des seigneurs « nul et non avenu ». Aussitôt Bismarck prononce la clôture de la session. Dans le message de clôture il déclare entre autres que le gouvernement « se rendrait coupable d'une grave méconnaissance de ses devoirs, s'il voulait revenir sur la transformation de l'organisation militaire, opérée en vertu de crédits votés antérieurement par la représentation nationale ».

Les Chambres se réunirent à nouveau le 14 janvier 1863. Le président du Landtag donna connaissance à ses collègues de 194 pétitions signées de plus de deux cent mille électeurs approuvant l'attitude de la Chambre. Une adresse fut envoyée au roi, où il était dit : « *La dernière session a été close sans que le budget de 1862 ait été régulièrement établi et voté. Le projet de budget pour 1863 a été retiré, et l'invitation adressée au gouvernement de le présenter en temps opportun est demeurée sans résultat. Cependant, le ministre n'a pas craint de disposer des fonds publics pour des dépenses non autorisées par la Chambre ou même expressément interdites par elle. Il a ainsi porté atteinte à ce qui est regardé, dans toutes les monarchies constitutionnelles, comme le droit le plus essentiel de la représentation nationale... Vos ministres ont violé la Constitution, etc...* »

Dans la discussion, Bismarck affirma : « *Par cette adresse, sommation est faite à la maison de Hohenzollern de transférer ses droits constitutionnels à la majorité de cette Chambre... La royauté prussienne n'a pas encore rempli sa mission, elle n'est pas encore à point pour former la parure purement ornementale de votre édifice constitutionnel, pas encore mûre pour être insérée comme un corps mort dans le mécanisme du régime parlementaire.* »

En février, la Chambre déclare les ministres responsables dans leur personne et leur fortune, des dépenses anticonstitutionnelles. Ceci vise, comme de raison, Bismarck. On conseille à celui-ci de faire passer sa fortune sur la tête de son frère. Il refuse. « Cette cession, dit-il, aurait donné l'impression de la peur et de préoccupations d'argent, ce qui me répugnait. » Et puis, Bismarck avait confiance en son roi. Il y avait, il est vrai, l'éventualité d'un changement de souverain. Et dans ce cas, Bismarck l'avoue, une confiscation « n'était pas du tout impossible ».

Le 8 février, le ministre de la Guerre Roon dépose un projet de réorganisation de l'armée, que la commission de la Chambre rejette. Après des débats qui n'aboutissent pas, la session est close le 27 mai. Les Chambres sont dissoutes en septembre sans s'être à nouveau réunies. Les élections d'octobre ne donnèrent que 38 députés au ministère. Petit progrès, néanmoins, puisqu'il n'y avait que 11 députés gouvernementaux auparavant.

Sur ces entrefaites, par la mort du roi de Danemark se pose la question des duchés de

Schleswig et de Holstein. Le gouvernement prussien prévoit qu'il va avoir à intervenir. Il demande donc en décembre, à la Chambre, un crédit de neuf millions de thalers pour les préparatifs militaires. Ils lui seront refusés. Bismarck en a encore pour plus de deux ans de lutte avec le Parlement.

Bismarck triomphe du Parlement

Nous sommes en décembre 1863. Le gouvernement prévoyant qu'il va avoir à intervenir dans la question des duchés de Schleswig et de Holstein, dépose, comme je viens de le dire, une demande de crédits de neuf millions de thalers nécessaires aux préparatifs militaires. Cette demande vint en discussion en janvier 1864. Devant la commission du budget, Bismarck affirme que si les crédits sont refusés, le gouvernement « devra les prendre où il les trouvera ». Ce qui n'est pas sans indigner la commission, hostile aux crédits, et qui propose à la Chambre de les rejeter. Dans son discours, Bismarck déclare, entre autres : « Lorsque je suis arrivé au poste que j'occupe, j'ai conçu l'espérance que je pourrais trouver chez d'autres, comme en moi, une disposition à sacrifier dans toute circonstance l'opinion de parti aux intérêts généraux du pays. »

—... Mais je dois reconnaître à présent que je me suis trompé, ajoute Bismarck. A une attaque du comte Schwerin il répond : « *L'orateur qui m'a précédé attribue au gouvernement comme mobile de sa façon d'agir, la peur de la démocratie... Je crois que monsieur l'orateur me connaît depuis assez longtemps pour savoir que je ne connais pas la crainte de la démocratie... Je ne crains pas cet adversaire, je compte le vaincre ; je crois que vous devez avoir déjà une sorte de pressentiment de ma victoire. — Quand on veut gagner votre confiance*, dit encore Bismarck, *il faut se livrer à vous d'une façon absolue. Cette soumission n'est pas permise à des ministres du roi de Prusse. Nous ne serions plus des ministres du roi, nous serions des ministres du parlement, nous serions vos ministres, et nous n'en viendrons pas là, j'y compte bien... Vos procédés sont contraires non seulement à la Constitution, mais aussi aux traditions et à l'histoire ; vous vous mettez en contradiction avec l'esprit du peuple de Prusse. Cet esprit est absolument monarchique, Dieu merci ! et il restera monarchique, malgré vos lumières, que je nommerai la confusion des idées... Vous placez le point de vue du parti au-dessus des intérêts de la patrie. Vous dites : la Prusse existe selon nos idées, sinon elle périra... Si le peuple prussien sentait comme vous, il faudrait dire tout uniment que l'État prussien se survit à lui-même, et que le temps est venu pour lui de céder la place à d'autres créations historiques. Mais nous n'en sommes pas encore là !* » Rappelant alors un mot du roi Frédéric-Guillaume Ier affirmant : « J'établis la souveraineté comme un rocher de bronze », Bismarck conclut : « *Ce rocher de bronze est encore solide aujourd'hui ; il forme le fondement de l'histoire de la Prusse, de la gloire de la Prusse, de la Prusse grande puissance et de la monarchie constitutionnelle. Ce rocher de bronze, vous ne le parviendrez pas à l'ébranler, ni par votre union nationale, ni par votre motion d'aujourd'hui, ni par votre* liberum veto ! »

Ce même jour (22 janvier), par 275 voix contre 51, la Chambre refuse les crédits militaires. Le 25 janvier, elle déclare inconstitutionnel le budget voté par la Chambre des seigneurs, et qui était celui proposé par le gouvernement. De plus, elle refuse de mettre même en délibération le projet de loi sur l'armée présenté par le ministre de la Guerre. Aussitôt, Bismarck, en réponse, prononce la clôture de la session.

Quelques jours plus tard, c'est la mobilisation et la guerre contre le Danemark, qui se termine par un armistice signé le 2 août. Mais les résultats de cette guerre, heureux pour la Prusse, ne désarment pas le Parlement. En février 1865, les députés repoussent par 258 voix contre 33 le projet de loi de réforme de l'armée qui leur est présenté, et qui était d'ailleurs identique à celui qu'ils avaient rejeté l'année précédente. Les millions nécessaires à l'entretien des nouveaux régiments sont encore une fois retranchés du budget. Des crédits extraordinaires demandés pour la marine sont refusés. Le 13 juin, la Chambre déclare illégales les dépenses occasionnées par la guerre danoise et que le gouvernement avait engagées sans son assentiment.

S'appuyant sur son roi et sur la Chambre des seigneurs, Bismarck continue à ne pas tenir compte des votes de la Chambre des députés. Le 17 juin, il clôt la session.

Le Parlement se réunit à nouveau, le 15 janvier 1866. Le fameux budget, cause primordiale du conflit, est déposé par le gouvernement, le 19 janvier. La Chambre se met à le discuter et s'apprête comme de raison à le repousser, comme elle l'a fait les années précédentes. Bismarck trouve inutile d'attendre ce vote de rejet et, prenant les devants, il clôt la session le 22 février. Le 7 mai, Bismarck échappe à un attentat. Deux jours après, le roi dissout la Chambre des députés.

Les nouvelles élections se firent le 3 juillet, le jour même de la bataille de Sadowa. Le ministère fut encore mis en minorité. Mais c'était une minorité importante, en comparaison des scrutins précédents, puisqu'une centaine de députés gouvernementaux furent élus. Si les élections avaient eu lieu quelques jours plus tard, les nouvelles de la victoire sur l'Autriche une fois connues, c'eût été la victoire sur le terrain électoral également assurée. Quand, en effet, le roi et Bismarck rentrèrent le 4 août, à Berlin, ils furent reçus en triomphateurs qu'ils étaient.

Le lendemain, le roi ouvrit la session parlementaire. Son message invitait à une réconciliation entre la Chambre et la Couronne. « *Dans les dernières années, y était-il dit, le budget n'a pu être fixé d'accord avec la re-*

présentation nationale. Les dépenses publiques faites pendant cette période manquent donc de base légale... Si mon gouvernement a néanmoins géré les affaires de l'État, il ne l'a fait qu'après un examen scrupuleux et dans la conviction que le maintien de l'administration, de l'armée et des institutions publiques était une nécessité d'existence pour la monarchie... J'ai confiance que les derniers événements contribueront à amener une entente pour laquelle il est indispensable que le bill d'indemnité *demandé à la représentation du pays, pour la gestion sans budget légal, soit accordé volontiers.* »

Les débats sur le bill s'engagèrent au commencement de septembre. Dans son discours, Bismarck déclara : « *Dans les dernières années, nous avons, des deux côtés, défendu notre point de vue avec plus ou moins d'âpreté ou de bienveillance ; personne n'a réussi à convaincre l'autre. Chacun a cru bien faire, en agissant comme il l'a fait. Même en matière d'affaires étrangères, une paix se con-*

clurait malaisément, si l'on exigeait, comme condition préalable, que l'une des parties avouât d'avance : je le reconnais maintenant, j'ai mal agi.

« *Nous souhaitons l'apaisement, non parce que nous sommes hors de combat; au contraire, le courant nous serait plus favorable qu'il y a quelques années; pas non plus pour esquiver une accusation dans l'avenir; car je ne crois pas qu'on nous accuse, je ne crois pas que, si cela se fait, on nous condamne. On a fait beaucoup de reproches au ministère, mais celui de la timidité serait nouveau. Nous désirons la paix parce que le pays en a besoin, en ce moment plus qu'auparavant, parce que nous espérons la trouver maintenant; nous l'aurions cherchée plus tôt, si nous avions espéré la trouver plus tôt.* »

Le ton contrastait avec le cri de guerre jeté au parlement, dans les années précédentes. Aussi déplut-il à l'extrême-droite. Mais Bismarck était moins intransigeant que certains de ses partisans, comme cela arrive d'ailleurs souvent. Bismarck voulait atteindre un but déterminé ; il en saisissait les moyens, divers suivant les circonstances. Il avait senti jusqu'alors le parlement irréductible ; il l'avait fait plier sous la force. Il le voyait maintenant prêt à se rendre ; il lui faisait des avances, pour vivre ensuite en paix avec lui.

Le bill ainsi conçu : « Le gouvernement reçoit indemnité pour l'absence du budget légal depuis 1862 » fut voté par 230 voix contre 75. C'était la fin de la lutte. Les événements avaient justifié l'attitude de Bismarck. Ils avaient montré qu'en se passant de l'assentiment de la Chambre pour réorganiser l'armée, Bismarck avait agi pour le salut de son pays. Pendant quatre ans, il avait combattu contre l'opinion, contre les électeurs, contre les députés. A présent, opinion, électeurs, députés l'acclamaient.

Dorénavant, Bismarck aura bien encore quelques difficultés avec le Parlement, mais il en obtiendra néanmoins ce qu'il voudra.

Il pourra préparer la guerre contre la France sans avoir à recourir aux luttes antérieures.

En juin 1867, Bismarck vint avec Guillaume Ier à Paris. Napoléon III, — raconte-t-on, — dans un entretien qu'il eut avec Bismarck, « lui exposa ses projets d'empire libéral et le consulta sur leur opportunité. Bismarck les approuva fort ». M. Paul Matter qui rapporte cette anecdote d'après les mémoires d'un Allemand nommé Meding, déclare qu'il faut accepter ce récit « avec la réserve de rigueur ». C'est entendu. Mais si vraiment Napoléon a exposé ses projets à Bismarck, je suis bien certain que celui-ci les aura fort approuvés. Que l'empereur abandonnât une part de plus en plus grande du gouvernement à l'opinion, aux électeurs, au Parlement, rien ne pouvait mieux faciliter la tâche que Bismarck s'était assignée. Ce que les élections, ce que le parlementarisme valaient au point de vue défense nationale, il venait, en effet, de l'expérimenter. Bismarck avait triomphé de cet obstacle. Mais pourquoi ? Parce qu'il s'appuyait sur l'institution monarchique, parce qu'il avait au-dessus de lui un roi pour le défendre et le soutenir. Sous un véritable régime parlementaire, malgré toute sa fermeté de caractère, Bismarck n'eût pu lutter. Au premier vote contre lui, il se fût effondré.

C'est à un adversaire de la monarchie en France que j'emprunterai la conclusion de toute cette période que je viens de résumer de l'histoire de la Prusse. Dans un petit livre intitulé *Trois Empereurs d'Allemagne*, parlant de celui qui devait être Guillaume Ier, M. Lavisse écrit : « *Le Prince arrêta un plan de réforme qui allait à doubler exactement les forces militaires de son pays. Devenu roi, il l'exécuta, en dépit de son parlement, au péril de sa couronne et de sa vie. C'est pour cela qu'il y a aujourd'hui un empire d'Allemagne.* »

CHAPITRE II

LA REFORME MILITAIRE PRUSSIENNE EN 1860

Malgré le Landtag prussien, entre 1860 et 1866, le roi et son ministre réorganisent donc l'armée. C'est de cette réorganisation conçue par Guillaume Ier en 1860, accomplie dans les années qui suivent, qu'est sortie l'armée qui fut victorieuse en 1866 et en 1870. Peut-être est-il intéressant de savoir quelle était exactement cette réorganisation que le roi jugeait nécessaire, que l'opinion publique, les électeurs, les députés rejetaient, et qui forgea l'instrument de notre défaite [1].

En 1860, l'armée prussienne se trouvait encore régie par les lois de 1814 et 1815. De 1814 à 1860, la population de la Prusse s'était accrue de 10 millions à 18 millions. Or l'effectif incorporé chaque année était resté le même : 40.000 hommes. Il en résultait qu'en 1860, plus d'un tiers du contingent s'était trouvé dispensé de tout service. Première réforme voulue par le roi : incorporer le contingent en son entier.

D'après la loi de 1814, la durée du service était de trois ans dans l'armée active, deux ans dans la réserve. Après quoi, on entrait dans la landwehr : sept ans dans le premier ban de la landwehr, sept ans dans le second ban. Les réservistes étaient astreints, chaque année, à une période d'exercices de quelques semaines. Les landwehriens du premier ban

1. Les détails qui suivent sont puisés dans un rapport du colonel Stoffel (*Rapports militaires écrits de Berlin, 1866-1870 :* rapport de novembre 1866), et dans *Bismarck et sa famille* de M. de Keudell.

étaient convoqués huit jours, tous les quatre ans.

L'armée permanente et le premier ban de la landwehr constituaient ensemble l'armée active. Le second ban était destiné à garder les places de l'intérieur.

Le premier ban de la landwehr représentait environ la moitié de l'armée active. Chaque brigade de l'armée de campagne mobilisée comprenait : un régiment de l'armée permanente, un régiment de landwehriens. Impossibilité donc, comme le fait remarquer le colonel Stoffel, de former, au besoin, des corps de troupes solides où la landwehr n'entrerait pas.

« Les auteurs du système, écrit le colonel Stoffel, crurent avoir ainsi résolu le problème de la meilleure organisation militaire pour la Prusse. On avait une armée peu coûteuse en temps de paix, mais nombreuse en temps de guerre. Quels sont les caractères distinctifs de cette organisation ? L'armée permanente n'y représente pas une force militaire indépendante, pouvant agir en première ligne. Trop faible numériquement pour remplir ce rôle, puisqu'elle ne s'élève, les réserves comprises, qu'à 190.000 hommes, elle n'acquiert l'effectif nécessaire pour entrer en campagne que par sa réunion avec 170.000 hommes de landwehr qui, formés par régiments embrigadés avec ceux de la ligne, constituent, comme on voit, presque la moitié de la force totale. L'armée permanente n'avait donc réellement qu'un but, celui de servir d'école d'instruction à la nation, autrement dit, de former la landwehr. »

« Les vices de cette organisation, continue le colonel Stoffel, sont si évidents, qu'on se demande comment elle a pu durer quarante-cinq ans. Ils se révélèrent de la façon la plus déplorable pendant les campagnes de 1848 et de 1849 et lors des mobilisations de 1850 et 1859. Le vice capital résultait de l'obligation d'appeler et d'embrigader dans l'armée, au moment d'une guerre, 170.000 hommes de landwehr. L'expérience démontra qu'en raison des pertes de toute sorte, il fallait, pour se procurer ce nombre, prendre les landwehriens des sept années du premier ban (ceux de 25 à 32 ans). Comment pouvoir compter, à la guerre, sur des gens qui avaient quitté le service, les uns depuis deux ans, les autres depuis trois, les derniers depuis neuf ans, et dont la moitié étaient mariés...

« Aussi les hommes de la landwehr ne répondirent à l'appel, en 1848, 1850 et 1859, qu'avec un extrême mécontentement. Les scènes les plus déplorables eurent lieu, des actes de désobéissance formelle se produisirent, même devant l'ennemi. Quant à celles des troupes de landwehr qui restèrent fidèles à l'honneur, elles se montrèrent d'une insuffisance complète. »

En conséquence, seconde réforme voulue par Guillaume Ier : changement d'affectation de la landwehr. La landwehr s'est montrée insuffisante en campagne. Le roi veut des troupes de campagne qui ne soient formées que de l'armée permanente et de sa réserve, et où la landwehr ne figurera pas. Pour atteindre à l'effectif jugé nécessaire, il incorpore, comme nous l'avons dit, tout le contingent (63.000 hommes en 1860, au lieu de 40.000, chiffre des années précédentes). Il porte de deux à quatre les années de réserve. Après quoi, on entre comme autrefois dans la landwehr. Mais la landwehr n'est plus destinée, en son entier, qu'à garder les places intérieures.

Telle est la réforme que le roi accomplit, malgré l'opposition du Landtag. Maintien de la landwehr et réduction du service de deux ans, c'est le programme que les députés opposent aux projets du roi, et autour duquel ils ameutent les électeurs. Certain que le projet du roi sera repoussé, le ministre de la Guerre de Roon le retire (mai 1860). C'est alors qu' « on eut l'idée, au ministère, qu'on n'avait nullement besoin d'une loi nouvelle pour créer de nouveaux régiments, et qu'il suffisait d'obtenir un crédit ; les plus-values du dernier exercice faciliteraient l'obtention de ce crédit » (*Keudell*).

J'ai raconté comment le ministère obtint ce crédit comme « dépense extraordinaire une fois faite », comment une fois en possession de ce crédit, il créa les nouveaux régiments, et comment il maintint ce crédit dans les budgets suivants, malgré les votes contraires de la Chambre.

*
* *

La landwehr ainsi constituée tout entière en armée de seconde ligne, pour avoir été reconnue insuffisante en campagne, représentait pourtant encore une force qui avait sa valeur. Elle était formée, en effet, uniquement de soldats exercés par trois ans d'activité, quatre ans de réserve. On ne pouvait donc en rien lui comparer cette garde mobile que la loi de 1868 prétendait organiser en France. C'est sur quoi, dans un de ses rapports (du 12 août 1869), le colonel

Stoffel attire l'attention du gouvernement français. « La landwehr, écrit-il, n'est pas, comme tant de personnes le croient en France, une sorte de garde nationale, à l'instar de la nôtre... Les hommes de landwehr sont tous des soldats faits qui, après avoir servi trois ans sous les drapeaux et y avoir acquis l'esprit militaire, la discipline, l'instruction solide que la Prusse sait donner à ses troupes, ont ensuite passé quatre années dans leurs foyers, pendant lesquelles on a eu soin de confirmer et d'entretenir toutes ces qualités acquises... D'après cela, comment vouloir comparer à la landwehr notre garde nationale mobile, formée de jeunes gens que la loi elle-même, par une clause impraticable, place dans l'impossibilité d'apprendre ni exercices, ni manœuvres, ou dont on prétend improviser l'instruction pendant la guerre même ! »

On sait que cette clause qui rendait tout exercice impossible était celle qui avait été ajoutée par la commission de la Chambre et qui interdisait toute convocation de la garde mobile, entraînant un déplacement de plus d'une journée. Le projet Niel primitif prévoyait des exercices de huit à quinze jours. Mais, parlant de cet article ajouté par les députés, le colonel Stoffel ajoute : « Vint-on d'ailleurs à le modifier en prescrivant que le déplacement des jeunes gens pourra durer huit ou quinze jours, par exemple, au lieu d'*un jour*, qu'il serait tout aussi faux de vouloir comparer en quoi que ce soit la garde mobile et la landwehr prussienne. Il est donc triste de penser que de pareilles comparaisons soient faites en France, ouvertement, officiellement même, et qu'en allant jusqu'à dire que la garde nationale mobile constituera une force redoutable l'emportant sur la landwehr prussienne, on se trompe soi-même, tout en trompant le public, qu'il importerait tant d'éclairer sur ces graves questions. »

Sur ce point encore, le gouvernement impérial a donc été averti. Il a été averti que la garde nationale mobile, l'armée de seconde ligne qu'il projetait, ne pourrait jamais avoir la valeur de l'armée de seconde ligne prussienne. Sur ce point encore, le gouvernement impérial a affiché de l'optimisme. L'opération du plébiscite approchait. Pour qu'elle réussît, il importait que les électeurs fussent rassurés sur les mesures de défense nationale prises par le gouvernement qu'ils allaient être appelés à sanctionner. En somme la tactique de l'Empire a été celle-ci : sacrifier les forces militaires aux visées électorales. Et, en même temps, afin de conserver la confiance des électeurs, leur assurer que notre armée était magnifique. Cette politique ne pouvait finir autrement qu'elle n'a fini : par le désastre.

CHAPITRE III

LA RÉPUBLIQUE DE BISMARCK

Nous avons vu pourquoi nous avons subi la défaite. Mais pourquoi depuis quarante-quatre ans n'avons-nous pas pu nous relever et prendre notre revanche? Pour en signaler la cause, il suffit de prononcer un mot, le mot de *République*.

Ici encore Bismarck a calculé juste. Comme Marie de Roux l'a démontré[1], Bismarck, en effet, a voulu la République en France et il a aidé à l'installation au pouvoir du parti républicain.

Pourquoi Bismarck a-t-il voulu la Répu-

1. *La République de Bismarck*, 1 vol. (Nouvelle librairie nationale, édit., Paris).

blique en France ? Oh ! ce n'est pas pour le bien de notre pays. Si Bismarck se place, d'une façon abstraite, au point de vue du bien de la France, ce n'est pas alors la République qu'il nous souhaite. Dans son ouvrage, *Bismarck et la France*, Jacques Bainville relate, d'après le *Correspondant* du 10 mars 1905, une conversation entre Mgr Vallet et le chancelier allemand. Cette conversation a eu lieu en 1879, à Gastein. « Bismarck, parlant de choses et d'autres, de l'état de l'Europe, des tendances de l'Allemagne, de l'avenir de la France, déclara tout à coup, avec cette brusquerie qui lui était propre, à son interlocuteur qui venait de prononcer le nom de la République : *Pour faire quelque chose, la France a besoin d'un gouvernement stable : il lui faut une monarchie... Moi, si j'étais français, je serais carliste. — Carliste, pour le comte de Chambord. — Oui, oui, c'est ce que je veux dire : légitimiste. Il faut toujours défendre la monarchie légitime.* »

Moi, si j'étais français, déclarait Bismarck : mais il était allemand, et alors comme allemand il est républicain en France. *Bismarck*, écrit de Roux, « *souhaite la République à la France comme un fléau à un ennemi.* » Entendons bien. Ce n'est pas que Bismarck attende du régime ou du parti républicain une complaisance, volontaire, à l'égard de l'empire allemand. « *Mais*, dit fort bien de Roux, *il compte sur les conséquences enfermées dans la définition même de la République, sur le vice propre des institutions, sur l'incurable mal du régime des partis qui rend impossible « l'union intérieure », sur l'impuissance constitutionnelle d'une démocratie parlementaire à avoir une diplomatie digne de ce nom.* » Écoutez d'ailleurs Mme Adam, qui a pourtant, elle, pendant longtemps fermement cru en la République. Ceci se rapporte à l'année 1877 : « *Bismarck croit avoir intérêt à nous donner la République, puisqu'il a par là la possibilité de désarmer la défense nationale. La politi-*

que des « résultats immédiats », la voilà ! Bismarck, je l'ai entendu de la bouche de Gambetta, veut la République en France. Je sais que le chancelier de fer a brisé d'Arnim, parce que celui-ci travaillait au retour de la Monarchie, avec les gens du 24 mai. Bismarck est logique : il vient aux républicains anticléricaux qui feront, il n'en doute pas, la besogne qu'il a faite si mal avec son Kulturkampf. Et puis, il juge, d'autre part, que les républiques en ce siècle sont des gouvernements de paix extérieure et de luttes intérieures qui passionnent les partis et les neutralisent. »

Cependant, Mme Adam, dans son patriotisme, s'inquiète à cette époque des intrigues qu'elle voit mener à Gambetta avec Bismarck, par l'intermédiaire de Haenckel de Donnersmarck. Elle exprime alors son inquiétude à Gambetta. *Je vous croyais d'abord républicaine*, lui réplique celui-ci. Il entendait par là : je croyais que vous étiez prête à tout accepter pour le salut de la République. Et ceci explique tout Gambetta. Lui, il était prêt à tout accepter, jusqu'à l'abandon de la revanche. Il ne disait pas : France d'abord ! mais : République, avant tout ! Aussi, dans son commentaire de la correspondance secrète de Gambetta et Bismarck, qui fait suite à l'étude de de Roux, Bainville peut écrire : « Avec ces documents, c'est le faux semblant patriotique, dont a si longtemps vécu le vieux parti républicain, qui est dissipé. C'est surtout la preuve établie que le parti républicain, même animé de bonnes intentions, n'a pu réussir qu'avec le secours ou l'inspiration de l'Étranger, et n'a pas été capable de se soustraire à l'influence étrangère, de gouverner en vue du seul bien public, du seul intérêt national. »

*
* *

Une des parties que je signalerai particulièrement de l'étude de de Roux est celle qui a trait à la période du 16 mai. De Roux met en lumière l'aide que, à ce moment-là, les républicains de France reçurent de Bismarck pour vaincre la « réaction ». « La presse officieuse allemande, inspirée par Bismarck, écrit de Roux, se fit partout un devoir de pourvoir la presse française d'arguments contre le cabinet de Broglie. » Le thème est celui-ci : si les réactionnaires triomphent dans les élections, c'est la guerre fatale entre l'Allemagne et la France. Les républicains développent ce thème en France. Mais l'argument n'aurait pas eu beaucoup de valeur s'il n'avait pu s'appuyer sur des menaces venues d'Allemagne. Sous l'inspiration de Bismarck, les journaux allemands développent donc ce même thème : guerre fatale avec la victoire des réactionnaires. Et ainsi, « *les 363*, écrit de Roux, *purent invoquer contre les candidats du Maréchal les menaces les plus formelles de l'ennemi ; ce concours était décisif ; ils triomphèrent.* »

En résumé, Bismarck a voulu la victoire de Gambetta et celle de son parti. *Gambetta a accepté cette aide*. Voilà ce qui ressort de tous les documents que nous apporte et que commente de Roux.

On comprend d'ailleurs facilement que Bismarck se soit employé à installer la République en France. Ce que valait, en effet, cette forme de gouvernement, il l'avait entrevu en Prusse, entre 1862 et 1866. Certes, il n'avait pas eu alors affaire à la République, mais il avait eu affaire aux parlementaires, ce qui est tout comme. S'appuyant sur son roi, Bismarck avait pu se moquer, comme nous l'avons vu, du parlement prussien, et, malgré ce parlement, réaliser les réformes qu'il jugeait nécessaires au salut de son pays. Mais s'il n'avait pas eu pour l'appuyer cette autorité du roi, indépendante des partis, s'il avait dû se soumettre devant les votes des électeurs et des députés, qu'aurait pu Bismarck ? Rien, et il est bien possible que Sadowa et Sedan se fussent alors changés en défaites. Voilà ce que Bismarck ne pouvait pas ne pas avoir toujours présent à l'esprit. En aidant à l'installation de la République en France, il devait donc se dire qu'il allait répandre en grand le fléau de la lutte des partis, de la surenchère électorale, du sacrifice des intérêts du pays aux intérêts parlementaires, etc., etc., bref, toute cette peste qu'il avait vu sévir chez lui, et dont il n'était venu à bout que grâce à cette autorité qui manque à notre peuple décapité : un roi.

Fin

TABLE DES MATIÈRES

TABLE DES MATIÈRES

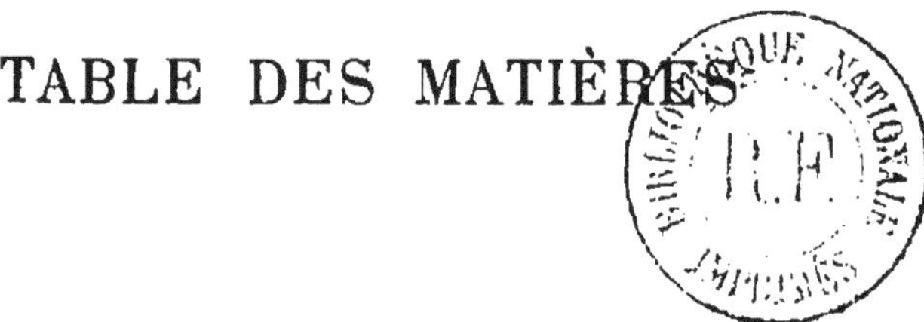

SECONDE PARTIE

MAYENNE, IMPRIMERIE CHARLES COLIN

MAYENNE, IMPRIMERIE CHARLES COLIN

www.ingramcontent.com/pod-product-compliance
Ingram Content Group UK Ltd.
Pitfield, Milton Keynes, MK11 3LW, UK
UKHW012200240726
13966UKWH00002B/475